授業でクラスをつくる
教師の見方

子どもと子どもをつなぎ、
どう学ばせる?

「学び方」
「安心」
「つながり」
がその極意

田真 著

明治図書

はじめに

「授業の中で、学級経営を行う」

これは、私が教師を目指し大学で教職を学び始めた当時から、教師として働き始めてからも繰り返し耳にしてきたことです。

大学時代、授業をするうえで学級経営が大事なことはわかりました。しかし、それを国語などの授業の中で行うイメージが浮かびませんでした。

教壇に立ってからは、国語の授業を進めるだけでもやっとなのに、授業の中で学級経営をどのように行えばよいのか、さらにわからなくなっていきました。当然、授業も学級経営もうまくいきません。

そこで、様々な本や先生方から学んだり、目の前の子どもたちとの実践を積み重ねたりしていきました。そして、自分なりに「授業の中で、学級経営を行う」三つのキーワードが見えてきました。

それが、「学び方」「安心」「つながり」です。

子どもたちが、夢や目標に粘り強くアプローチしていく素地となる「学び方」を育むこと。自分の居場所を見つけ「安心」して学べる学級集団をつくること。そして、他と協働して学びを深める「つながり」を強めることです。

本書では、「授業の中で、学級経営を行う」ことを、かかわりのある場面、発表する場面…等々具体例を挙げながらまとめました。少しでも、読者の皆様の授業づくりの参考になれば、倖いです。

「子どもたちは、無限の力を持っている」

子どもたちの力を信じて、日々「全集中」で授業を楽しんでいきましょう。
最後に、本書を手にとってくださりありがとうございます。

友田　真

第1章 授業でクラスをつくる教師の見方

第2章

授業でクラスをつくる「教師の腕」の鍛え方

第3章

場面別
こんな時、こう、授業でクラスをつくる

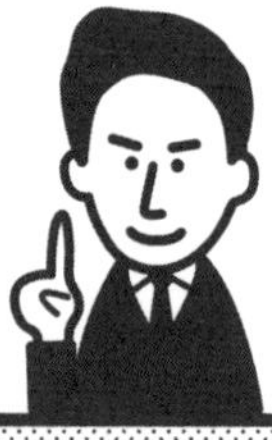

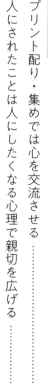

＊本書にエピソードとして登場する子どもは、個人が特定されないように事実をゆがめない形で一部改変し、仮名にしてあります。

第1章

授業でクラスをつくる教師の見方

授業中にこそ、クラス目標を実践する

学級経営は、特別活動や朝の会などだけで行うものではありません。学校での一日の七割の時間を費やす授業を充実させることで、「授業でクラスをつくる」ことができます。

授業と学級経営の二刀流です。

子どもたちが学校で過ごす時間の約七割が、授業時間です。

教師の仕事の中心は、授業で子どもたちに力をつけることです。授業で身に付けさせたい力も、「知識」や「技能」を中心に考えられていた時代から、「どう使いこなすか」「どう取り組むか」などの「学び方」や「学びに向かう姿」などに変わってきています。この変化は、社会が求めている力に大きく関係しています。

経団連が行っている新卒採用に関するアンケート「選考時に重視する要素」（2018）では、一位コミュニケーション能力、二位主体性、三位チャレンジ精神、四位協調性、五位誠実性となっています。

では、コミュニケーション能力や主体性、チャレンジ精神などの力をどこで身に付けさせていくか。それは授業時間です。

先日ある若い先生と話していると、「大学では、指導案の書き方や教科の特性などについては勉強したんですけど、学級経営をどうするかなど、学んでいないんです。学級経営をするといっても、朝の会くらいしか時間がないです。朝の会も、連絡などをすることが多いですし、困っています」と教えてくださいました。やはり、授業＝教科指導という意識が強いのだと思います。もちろん、教科で教える内容は重要です。しかし、**授業内容を通して、子どもたちに学び方を身に付けさせる、安心できる居場所をつくる、子どもたち同士をつなぐ。つまり学級経営をするという視点が欠かせません。**

授業内容が大事か、学級経営が大事かということではなく、どちらも大事です。そして、それぞれが影響し合っています。

授業と学級経営を別物で考えるのではなく、同時進行で二つの視点を持っておくことが、これまで以上に求められています。まさに、二刀流です。

学級経営がうまくできれば、授業も深まっていきます。授業が深まっているということは、子どもたち同士がよりつながりを深めていることにもなります。

四月、学級開きなどで多くの教師が、「人の失敗を笑わないクラスにしよう」「友達を大切にするクラスにしよう」などと語ることでしょう。このことに対して、「なんで?」などと言う子は、まずいません。美辞麗句を並べることは簡単です。**肝心なことは、授業**

の中でそのような場面があった時にどう対応するか、どう指導するかです。

授業中、ある子が発表して間違えました。そこで笑う子がいたら、その場を逃さず指導をすることです。また、間違えた後も再度チャレンジする姿を、教師が大いに認めていくことで、学級全体に「間違えを笑うことの方が、恥ずかしいこと」「間違えた後も、チャレンジしていくことが素晴らしいこと」という価値観が広がっていきます。

この価値の広がりが、友達の発表を大切にしたり、失敗を恐れず学ぶ姿勢などを身に付けることにつながっていきます。これが、授業の中で学級経営をするということです。

学級開きの時に、美辞麗句を並べたから、すぐにできるわけでも、学級経営になるわけでもありません。学級経営をする場面は、子どもたちが学校での一日の七割の時間を費やす授業などの中にあります。つまり、その場その場の対応が求められます。

これまで以上に、**「学び方」や「学びに向かう姿」が重視されている今だからこそ、「授業でクラスをつくる」という見方が大切です。**

子どもの今だけでなく、過去・未来も見る

子どもたちの「今」は、簡単に目に入ります。しかし、「今」に至る「過去」に様々な経験をした結果、「今」があります。そして、「今」の姿が、「未来」をつくります。見えにくい「過去」や「未来」を見ようとすることで、指導が変わります。

たとえば、六年生は、まだ十二年しか生きていませんが、その中で様々な経験をしています。授業をする時に座っている**目の前の子どもたちの「今」だけではなく、「背景」や「過去」、さらには「未来」を見ていく**必要があります。

ネネさんは、みんなを引っ張るリーダータイプの子です。私が教室にいない時などは、「静かにしようよ」などと自分から呼びかけるような子です。しかし、授業中の発表となると、他の場面の姿からは想像ができないくらい小さな声で、ドキドキしながら話します。勉強が苦手なわけではないのです。

あまりのギャップを不思議に感じ、「ねぇ、これまでの学年で何か発表で嫌なことでもあったの？」と聞いてみました。すると、「二年生の時に間違った時に笑われて、それが忘れられないんです」と教えてくれました。そこで、私は「間違えを笑わないクラスにすること」や「それでも、もし笑う人がいたら、必ずネネさんを守ること」を伝えました。

発表に対して不安を抱いているのは、ネネさんだけではなく、大半の子ではないでしょうか？「今」座っている目の前の子だけを見ると、「わかるのなら手を挙げなさい」「発表しなさい」と言いたくなることもあります。しかし、**「過去」などを見ようとすると、指導の方向が変わってきます。**

まだ年度当初ということもあったので、ネネさんの名前を伏せた状態で、「発表で笑われるなど嫌な経験をしたことのある人？」とたずねました。すると、ほぼ全員が手を挙げました。そして、「発表はしたい人？」とたずねると、これもほぼ全員でした。

できるようにはなりたいけど、チャレンジする気持ちを封じ込める苦い過去があるということです。

そこで、「過去」の嫌な思いに寄り添いながら、「間違えを笑わないクラス」にしていくことを、子どもたちと約束しました。その後も、不安ながら挑戦している姿を、事あるごとに認めていきました。

発表だけではなく、**子どもたちの「今」の姿は、見えない「過去」が関係しています。**

これは、良いことも、悪いこともです。全てがわかるわけではないですが、見えない「過去」などの背景を見ようとすることが、指導に大きく影響してきます。

「今」だけを見つめないことは、「未来」についてもです。時には、子どもたちの「未来」を考え、厳しい指導をする必要もあります。

ヨシコさんもネネさん同様、人前で話すことに不安を抱いていました。算数リーダーになっていたため、算数の授業では答え合わせを中心になって行うなど、みんなをまとめる役目がありました。

ある時、「みんなの前で話すことが、嫌なので辞めたい」と言いにきました。寄り添いながらも、「今逃げて、何か変わる？　三か月後の一学期が終わる頃に、成長した自分が見える？」と厳しく話しました。もちろん、「邪魔したり、頑張っているヨシコさんを揶揄するような子が万一いても、先生が守る」と約束もしました。すると話し合いの最後には、「もう少し頑張ります」と伝えてくれました。少しずつ、呼びかけの声が大きくなっていったり、教室に入る時に挨拶をしたり、声を出すことに自信をつけていきました。

そして、三か月後の一学期の終業式に「ねぇ、成長したね」と声をかけると、「先生と二人で話して、辞めなかったから今があります」と笑顔で語ってくれました。

子どもたちは、大人以上に「今」しか見えていません。だからこそ、少しだけ先が見える私たち教師は、「未来」を意識して指導する必要があります。「今」を見ながら、この子の数か月、数年先にどんな姿を思い描いて指導をするかがとても重要です。

「How to」だけでなく、なぜそうするかの指導意図を持つ

様々な教育技術や実践などは、華やかでかっこいいです。しかし、その裏には語られることの少ない教師の意図や仕掛け、多くの失敗などが隠れています。裏に隠れた部分を見ようとすることで、方法や形ではない大切なことが見えてきます。

SNSなどを見ていても、「子どもが熱中する発問」「○○の授業板書」などがすぐに見つかります。とても便利であり、参考になります。

簡単に手に入る「教育技術」などの「How to」の裏に隠れた教師の意図や教育哲学を見ようとするかが重要です。

「教育技術」などの「How to」は、知っておく必要があります。**たくさんの引き出しを持っておくこと、集めようとすることは、教育のプロとして当然です。**

ただ、今日のコーディネートを考える時に上下の色や柄のバランスを考えるように、自分に合うか、どうしてその技術を活用するのかという意図を持つことで、より子どもたちの力を引き出し、高められる教師になります。

意図やねらいなどは、語られないことが多いように思います。SNSやセミナーなどで「子どもたちが、こうなりました」や「こんな実践をしました」などは語られます。しか

し、「どういう意図で指導をしたのか」「この指導の前にどんな仕掛けをしてきたか」などは語られることが少ないように思います。**成功している華やかな部分はクローズアップされますが、失敗していることや、そこに導くまでの苦労などが必ずやあります。**

たとえば、授業の終末に「振り返り」を書かせる学級が多いと思います。「すごい」と感心されるような振り返りを子どもたちが書くようになった裏には、語られることの少ない教師の意図や仕掛けなどが隠されています。

ただ書かせるのではなく、「キーワードの○○という言葉を使って、保護者の方に伝える振り返りにしよう」などという指導を一学期から繰り返しているから、三学期には自分たちで「キーワード」にこだわり、学びが整理された振り返りが書けるようになっています。こういう指導の仕掛けや、一時間の授業だけではなく、未来の子どもたちの姿を見通しての指導の意図が、その成果を支えています。**見ようとしないと見えてきません。もちろん、見えないのだから追試したつもりでも、重要な部分を追試できていません。**

単発の実践で効果が出ているというよりも、日頃の教師の言動や複数の実践が絡み合って効果を上げていることも忘れてはいけません。

たとえば、クラスの子どもたち全員から褒めてもらう実践があります。日頃から教師が褒めるモデルになっていたり、クラス全体がお互いのよさに注目しようとするなどの他の活動とも絡み合ったりするからこそ、効果の出る実践になります。

形だけ始めても「褒めてもらえる」と思って教室の前に出てきたにもかかわらず、「特にありません」などと言われたら、居場所を失います。「すごいです」とありきたりな言葉で、形だけ褒められてもうれしくありません。どういう言葉がその人にピッタリか、相手を笑顔にするにはどういう伝え方や聞き方がよいかなど、日頃からの言葉にこだわった指導やあたたかい学級づくりなどが絡み合ってこそ、効果が出るものです。

教師の人柄、授業スタイルとマッチするかも考える必要があります。

性別や年齢、日頃の雰囲気など、その先生がやるからこそ効果があったり、面白かったりすることも多いです。そのまま実践するのではなく、自分に合う形にリメイクする必要もあります。「How to」に隠れた意図や仕掛けを見ようとすることで、方法や形ではない大切なものが見えてくるのではないでしょうか？

社会の変化に合わせ、指導方法もアップデートする

社会の変化と共に、教師に求められる役割として、「teaching」から「coaching」に変化してきています。

授業の「学び方」「安心」「つながり」を育むことが、これまで以上に求められています。

2000年、私は高校生でした。当時、携帯電話は普及していました。やっと自宅のパソコンが、インターネットに繋がれた頃です。iPhone が発売されたのは、2007年。たった、十年・二十年前のことです。その当時に、今の生活や進化が予想できたでしょうか？文字通り、「変化の激しい時代」ということを、身を持って感じます。

社会の変化と共に、教師に求められる資質・能力も変化しています。

教師も、社会の変化などに合わせて、アップデートし続けることが求められています。

「知識基盤社会」が、到来したと言われています。教師は、これまで「教えること」が中心でした。これからも、「教えていく」ことは仕事の中心です。しかし、これまで以上に、**子どもたちの持っている力を引き出したり、目標へアプローチをしていくプロセスを支えたりしていく役割が重要**になってきています。

新学習指導要領では育成すべき資質・能力として、「知識及び技能」「思考力、判断力、表現力等」「学びに向かう力、人間性等」の三つの柱が示されています。

そのうち「知識及び技能」は、今後「AI教材」などの力により、「個別最適化」されていきます。「GIGAスクール構想」により、一人一端末と高速大容量通信ネットワークが整備されることで、子どもたちが授業の中でいつでもインターネットなどを活用できる環境になっていきます。そうすると、検索エンジンを使い、いつでも知りたいことを知れる環境になります。漢字練習や計算問題などの「知識・技能」にかかわる内容は、「AI教材」を活用することで、一人一人の実態に応じた効果的な学びを展開することが可能になります。

では、教師は必要ないかというと、そうではありません。身に付けた「知識・技能」を活用して「深い学び」を実現するための「学び方」を指導したり、考えを広げ深める「対話的な学び」が実現できるようにサポートしたりすることが求められています。また、今後のキャリア形成においても、主体的に取り組めるように価値付けたりすることが求められます。

つまり、教師の役割として、「教えること」(teaching) が中心とされていた時代から、子どもたちの学びを「サポート」したり「引き出し」たり

（coaching）することが求められる時代に変化しています。

「学びを深め」たり、他と「協働」したりしていくためには、クラス集団が「安心して学べる場」であることが基盤になります。安心して学べる場だから、失敗を恐れずに新たなことに挑戦したり、自分の考えを躊躇せずに表現できたりします。そして、「安心」を形成していくのが、子どもたち同士、さらには教師と子どもの「つながり」です。

さらには、「知識基盤社会」では、「何を知っているか」よりも、「どのように学ぶか」という「学び方」が重要になります。そして、一人ではなく他と協働して創造することが求められます。

学びが「個別最適化」されていく一方で、これまで以上に人と人が「つながる」よさや、集団だからこそ感じられる「安心」などといったあたたかさなどを、クラスにおいて感じさせていくことが求められています。

「学び方」「安心」「つながり」というキーワードが、学校・クラスにおいてより一層重要になっています。

教材研究の前に子どもの居場所をあたためる

いくら教材研究を行っても、効果的な発問を考えたとしても、学び手である子どもたちが「学ぶ集団」になっていなければ、何の意味もありません。

「授業の中で、学級づくりを行う」視点が重要になってきます。

私の勤務校では、新年度のクラス替えの発表を下駄箱に名簿を貼り出して行います。自分が何組になっているか確認をして、教室に行きます。教室にやって来た子どもたちを見ていると、特徴があります。

教室に入るなり、黒板に貼ってある座席表を見に行き、自分の席に向かいます。その後で、周りを見渡して友達に声をかけに行ったり、席に座ったままだったりします。

大人でも、同様の行動が見られます。セミナーに参加してくださる先生方を見ていると、受付を済ませると、「自由席か、指定席か」を気にされます。そして、まず自分の席を確保しに行かれます。その後に、知り合いの先生方がおられないか周囲を見渡したり、トイレに行かれたりします。

一番に、自分の居場所の確認をします。

次ページの図は、「マズローの欲求の五段階説」です。下位の欲求が満たされると、上位の欲求を満たそうと向かっていきます。**つまり、新年度やセミナーなど、不安定な環境下では、自分の居場所を見つけることが最優先されます。**その後に、「知っている人は

マズローの欲求の五段階説

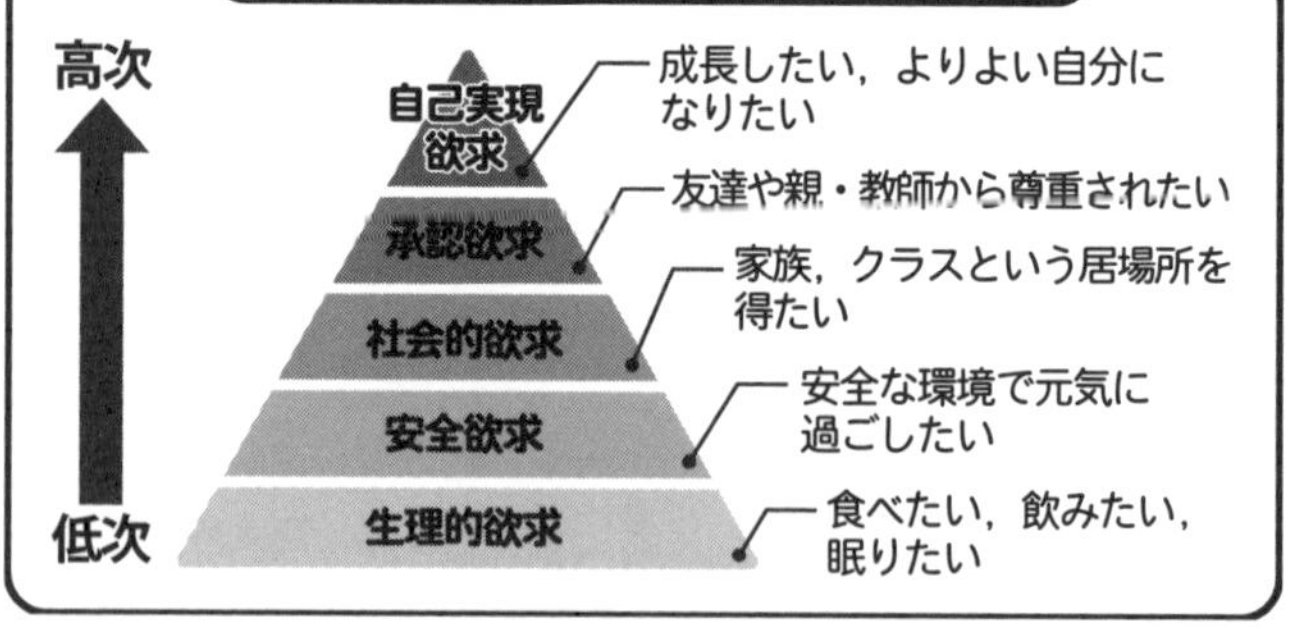

いないか？」などの次の欲求を満たすことに向かっていきます。

「〇年△組に所属している」、「僕の席は前から二番目だ」などは、「物質的な居場所」に過ぎません。新年度、物質的な居場所を保障していくのは当然の話で、「精神的な居場所」を感じられるように進めていく必要があります。

そのためには、教師が子どもたちのよさを認めていくこと、子どもたち同士をつなげていくこと、ありのままを認める雰囲気をつくることなどが大切になってきます。

では、「これらをいつするのか？」と思われる方も多いと思います。答えは、全ての時間で行います。学級づくりだから、特別活動の時間だけで行うのではありません。帰りの会に、お互いのよさを認め合う時間を設定したから、「子どもたち同士が認め合うクラス」になるわ

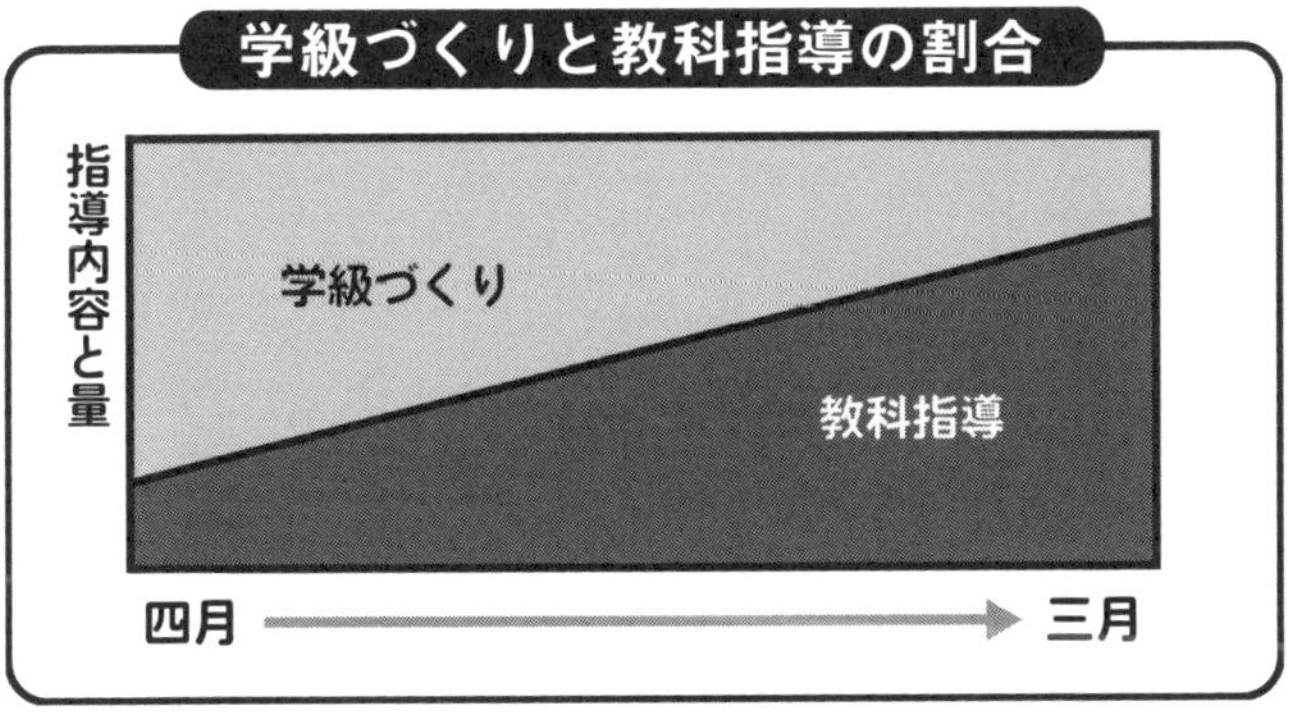

けではありません。

授業の中でも、行います。

上の図は、私が授業の時に考えているイメージです。**四月は、授業の中で学級づくりが8、教科指導が2くらいのイメージです。**たとえば、算数の授業を行いながら、子どもたち同士をつなげたり、学び方を指導したりしているイメージです。少しずつ、教科を深めていくことにシフトしていきます。

こう考えるのは、いくら教材研究を行っていても、学びを深める発問を考えていても、学び手である子どもたちが安心して学べる学級集団になっていなければ、何の意味もないからです。

研究会などに行くと、素敵な授業に出合うことがあります。自分も同じ授業をしてみたい気持ちになります。そして、指導案とメモを参考に同じような展開で同じ発問をします。しかし、目の前に見える世界は、研究会で目にした光景とは違います。人の授業を見る時には、目の前に見える授業だけではなく、それまで時間をかけて紡いできているクラスの在り様を見ようとしないと、本質が見えてきません。また、いくら追試したところで、教師と子どもたち、子どもたち同士の関係や学び方などが、影響してくることを考えておく必要があります。

極端かもしれませんが、子どもたちがクラスに居場所を見つけ、教師と子どもとの信頼関係ができているようなクラスだと、資料一枚を黒板に貼るだけでも、学びは深まっていきます。「資料からわかることは○○です」「急に数値が減っている○年に、何が起きたのだろう？」などです。

一方で、いくら教師が教材研究を行い、学びを深める効果的な発問を準備していたとしても、机に突っ伏していたり、だるそうな態度で学んでいる子どもたちだと、全くもって学びは深まりません。

新年度、教師として考えたいのは、「クラスを学ぶ集団にすること」です。そのためには、授業の中で子どもたちに学び方を身に付けさせたり、安心して学べる居場所をつくったりしていく、教師の見方が重要になります。

第2章

授業でクラスをつくる「教師の腕」の鍛え方

子どもができないのは教師のせい、と反省する

授業に集中しにくい子も、勉強が苦手な子も含めて「クラス」です。

クラス「全員」に力をつけていくのが、教師の仕事です。

子どものせいにするのは簡単ですが、それは「プロ」ではないのではないでしょうか？

私には、忘れられない光景があります。初任者として初めて小学三年生を担任した時、隣のクラスを参観しました。ベテランの先生の国語科の授業は衝撃でした。まだ四月でしたが、「こんなにも差がつくのか」とショックを受けたことを今でも覚えています。

当時私は、国語科で何を教えたらよいか、どう授業をしたらよいか、どう学級をまとめたらよいかなど、右も左もわからない状態でした。ただ、**子どもたちには人生で一度しか小学三年生はありません。**そんな三年生を、私が担任するかベテランの先生が担任するかで、たった一か月でこんなにも差がつくのだから、一年後には大きな大きな差になるという「教師」という仕事の責任の大きさを感じた場面でした。**指導力がないことが私自身を困らせるだけではなく、目の前の子どもたちに大きく影響を及ぼしてしまいます。**

当時は、私のクラスと隣のクラスの差にショックを受けました。しかし今振り返ると、この事実の差を感じたから、**「授業を子どものせいにしない」**ということを、自分自身の中に誓えました。

子どものせいにしようと思うと、いくらでもできます。「あの子がいるから」「発問はよいのを考えているんだけど、子どもたちがついてこれていない」など、残念な声が心に浮かんでくることがあります。その度に、打ち消したいものです。

プロ野球に、160㎞を越えるストレートと落差の大きいフォークを投げる投手がいました。二軍で好成績を残した選手が一軍に上がってきて、チャンスの場面に代打で登場です。しかし、一度もバットに当てることなく、三球三振でベンチに戻ってきました。その時に、「あんな球、ずるいよ。バットに当たるわけないじゃん。相手が悪い」と言いました。

さぁ、どう感じるでしょうか？　私は、「本当に、プロ？」と思います。相手のせいにしていても、何の進歩もありません。教師も、教育のプロです。そして、目の前の子どもたちに力をつけていくのが、私たちの仕事です。

いくら他のクラスで考えを深めた発問であっても、それが目の前の子どもたちの学びを深めるものになっていなければ、意味がありません。

「授業力を高めるために、子どものせいにしない」と誓った、忘れられない場面をもう一つ紹介します。それは、授業名人として名高い山口県の福山憲市先生が私のクラスで授業を行ってくださった時のことです。授業を開始して五分後には、福山先生の一挙手一投足に子どもたちが注目していました。そして、「やりたい」「知りたい」「学びたい」という気持ちが、子どもたちの体から溢れ出ていました。

授業をしてくださったのは、二月でした。四月から、ある程度の手応えを感じながら指導を進めていましたが、福山先生が行った二時間でこれまで見たことのない子どもたちの表情を見せてもらいました。「すごいなぁ」と思うと同時に、「悔しさ」を忘れられません。福山先生は子ども一人一人の様子をしっかり観察し、子どもたちの学びを深める「仕掛け」を的確に用いておられました。「子どもたちの様子を見ながら、十以上の授業展開案から選択している」そうで驚かされました。

まさに「子どもたち全員」が、福山先生の授業に惹きつけられ、学びを深めていました。それにもかかわらず授業後、「いやぁ、まだまだですね。自分自身反省がいっぱいです」とおっしゃられたことは、今も忘れられません。

勉強が苦手な子も、授業に集中できない子も、発表に消極的な子もいます。

どの子も含めて「クラス」であり、その全員に力をつけていくのが、教師の仕事です。

授業準備の段階から、授業に集中しにくい子がどうやったらこっちを向いてくれるか考え、授業後は自己反省の繰り返しです。

まずは教師自身が教科書を開き、学びを深める

教師自身が疑問に感じたり、知りたいと思ったりしないことを、子どもたちが知りたいとは思いにくいです。

まずは、教師自身が学びを深めたり、ワクワクしながら授業を進めたりすることが、「学びを深める」ために大切です。

子どもたちに学びを深めることを求める前に、教師である私たち自身が学びを深めていく必要があります。それは、授業をどう進めよう、教科書のどこからどこを指導しよう、などの話ではありません。**教師自身が、「これどういうことだろう？」などと疑問を持たないことに、子どもたちが「先生、これどういうことですか？　調べたいです」とは、なりにくいということです。**

初任者の時に、毎時間をどのように進めたらよいかわからず、四苦八苦していました。
そんな中である先生から、

「二年目からは、赤本を見ないで授業準備をするんだよ。赤本を見るのは、自分で準備をして確認程度にするといいよ」

とアドバイスをされました。その時は、なんてことを言うのだと思いましたが、言われた通り赤本ではなく、子どもが使う教科書で授業準備をするようになりました。すると、国語の文章を読んでいても、この言葉の意味がわからないから辞書で調べよう。算数では、実際にノートに問題を書き解いてみることで、この問題はここがつまずきやすいなぁ。な

ど気付くことができるようになりました。わかりにくい言葉では、どうフォローをすると、理解が深まるか。つまずきやすい問題では、どうすればつまずかないか。子どもたちの立場になって、少しずつ考えられるようになっていきました。

子どもたちに学びを深めることを求める前に、教師自身が「学習者」となり、学びを深めていかないと見えないことがあります。

疑問に感じたことは、追究するようにもしています。

六年生の社会科の学習で、「震災復興の願いを実現する政治」という単元があります。学習内容としては、震災にあった地域が自分たちの願いを実現させていくために、どのような手続きがあり、政治が動いていくかを学んでいきます。

私自身が授業に向けて準備をする中で、東日本大震災という未曽有の被害にあったにもかかわらず、「海と生きる」というスローガンを掲げ、復興を進めている気仙沼市の姿に感銘を受けました。また、あれだけの被害を受けたにもかかわらず「カツオの漁獲量日本一」を継続している背景を知りたくなりました。

そこで、気仙沼市役所に電話をしました。すると、担当者の方がたくさんの疑問に答えてくださり、資料やポスターなども送ってくださいました。

教師である私が疑問を持ち、調べたうえで授業をすると、やはり子どもたちの学びも深まります。子どもたちから出た疑問を一緒になって調べたり、「その答えはね…」と言いながら資料やポスターを提示したりすると、子どもたちの学びの火がさらに大きくなっていきます。授業後には、「大人になったらカツオ、絶対食べに行く」「漁業組合の方と市役所が一緒になって取り組んでいることがわかった」などの感想を聞かせてくれました。

ポスターなどを提示すると、子どもたちは「なんで先生持っているの？」と聞いてくれます。その時に、「先生も授業の準備をしていてわからなかったから、市役所に電話してみたの」と語ることができます。**その姿こそが、子どもたちに「学びを深めるとは、こうやってやるんだよ」というモデルになっているように思います。**

教師自身が疑問にも、知りたいとも感じていないにもかかわらず、子どもたちに「学びを深める」ことを求めるのは無理があります。何より教師自身が、「知りたい」「ここ難しいな」「どういうことだろう？」などの気持ちを持たないで、誰かがつくった指導案通り授業をしても、子どもたちの学びも深まりにくいのではないでしょうか？

一週間前から授業準備に全力で取り組む

授業力を高めるために、何か特別な方法はありません。私たち教師の一番の仕事とも言うべき「授業」をおざなりにしてはいけません。日々の一時間を充実させるために、準備から全力で取り組む。これが、一番の近道だと思います。

研究授業となると、数か月前から計画をしたり、前日には夜遅くまで準備をしたりする姿を見かけることがあります。たくさんの先生方が観に来てくださる授業なので、力を入れるのは当然です。

子どもたちにとっては研究授業の一時間も、他の授業の一時間も同じ一時間です。

いくら授業準備をしても、なかなか「うまくいったなぁ」という授業はできるものではありません。準備をすればするほど、「もっと授業がうまくなりたい」と自己嫌悪になることの繰り返しです。**私自身、授業が下手だと思うから「せめて授業準備をしっかりする」**と誓い、続けています。

平日は、突然の生徒指導や学級事務などにより、授業準備を十分にしにくいです。

ある先生が、明日の授業の準備を放課後にされていました。そこに、保護者から連絡が入り、そちらの対応が優先になっていました。授業の準備どころではありません。もちろん生徒指導事案は、初期対応が重要です。では、時間がないからといって準備もせずに授業に臨み、子どもたちに力をつけられるのでしょうか？　子どもたちは、見抜きます。準備をしていないので教師も慌て、叱らないでよいことで子どもを叱り、関係を崩してしまう悪循環になってしまうこともあります。

私は、前の週から計画を立て、少しずつ授業準備を進めたり、土日に時間をかけて教材研究をしたりしています。**教材研究をしていると、教師であるこちらがワクワクしてきます。**子どもたちは、どんな反応をするだろう。子どもたちの理解を深めるために考えた教具は効果があるだろうか。などとワクワクしてきます。

しかし、授業をしてみると、なかなか思っていたような反応にはならなく、落ち込むことの繰り返しです。

授業準備と振り返りの繰り返しが、授業力向上への長い道のりには必要なものです。

ある日突然、授業がうまくなるわけでも、何か授業力を高める特別な秘訣があるわけでもないと思います。

日々の一時間に全力で臨む。そのための準備をしっかりします。

これが、「子どもたちに力をつける授業をできる教師になる一番の近道」だと私は信じています。

教材研究の時にお薦めなのが、教科書比較です。教科書は、子どもたちの理解が深まるように、細かいことまで気を配り作成されています。数値や資料など一つ一つが、練りに練られ、意図的に構成されています。そんな教科書を深く読み取っていくだけでも、奥深いものです。

私は、算数だと六社の教科書、社会だと三社の教科書と資料集を準備しています。同じ授業内容のページを机に広げ、比較をします。すると、この一時間で指導すべきポイントや問題の意図なども読み取ることができます。時には、採択している教科書以外の問題や資料などを参考にして、授業を仕組んでいきます。

授業をする時には、自分の授業を見ていたら一番緊張する人を想像して、教室の後ろに立っておいてもらいます。

私は、師である福山憲市先生が授業参観に来てくださって以来、人に見られる時にあまり緊張をしなくなりました。参観してくださっている時は、正直子どもの反応よりも福山先生の表情の方ばかりが気になっていました。当然、思うような授業はできませんでした。
しかしその時に、「毎日、福山先生に見られていると思って授業をしよう」と思いました。授業準備をしている時に、「この授業を福山先生に見せられるか？」と考えると、妥協ができなくなります。授業後の自己反省の時に、「福山先生ならどんな感想を言われるだろう？」と考えることで、メタ認知をすることにもつながります。

人は、誰かが見ているといつも以上に自分をよく見せたいものです。そして、人が見ていると、いつもと違うことをしがちです。その結果、緊張します。

想像での話ですが、いつも見られていると少しずつ見られることに慣れてきます。
そして、毎日想像の授業参観をしていると、あることに気付きました。

「大人に見せるために授業準備をしているのではなく、毎日自分の授業を受けてくれている目の前の子どもたちの力をつけていくために授業準備をしている」ということです。

研究授業や視察など、何か特別なことがあると、特別な姿を見せようとするものです。
でもそれは、私たち教師が他の人からどう見られるかという評価を気にして、よく見せようとしているからではないでしょうか。
大切なのは、目の前の子どもたちにとってわかりやすく、力のつく授業になっているかということです。

「信頼は歴史がつくる」日々、子どもを大切にする

担任になったからといって、子どもは話を聞いたり、信頼したりしてくれるほど、教師の仕事は簡単ではありません。

子どもたちとどんな歴史を紡いでいるか、これが信頼関係として表れていきます。

何を言うかではなく、誰が言うかが大切です。

同じことを言っていても、A先生の話は聞く、B先生の話は聞かない、というようなことがなぜ起こるのか。それは、これまでの時間にどんな関係を紡いできたか、その結果、どのような見方をされているかということが関係してきます。

信頼は、歴史がつくります。

四月、落ち着かない子どもたちを担任すると、「立て直さないと」と焦ります。また、教師である私の指示を聞かせようという気持ちが強くなり、きつい言い方などをして力で抑えようとしてしまいがちです。子どもたちからしてみると、いきなりやって来た教師に、「こうしろ」ときつく言われても、「なんで？」と思うことでしょう。

私たち大人の世界に置き換えてみると、四月に転勤してきた先輩の先生や管理職の先生から、「ここはおかしい。変えなさい」といきなり言われても、「なんで？」という気持ちになるのではないでしょうか？

まずは、**良好な信頼関係を築いていくことを考えていきます。**そして、**「信頼関係」を築くには、時間がかかります。**いきなり指示を聞かせよう、子どもたちを変えようなどと焦っても、よい方向には向かいません。

ある年に、場面緘黙のフウさんを担任しました。四月、委員会を決める時に、「どの委員会を希望する？」とたずねても反応がありません。周りにいた子が、「○○先生だったら前に担任だったから聞き出せるかも」と悪気なく言いました。その時、私は悔しかったです。でも、フウさんが私に安心して言える信頼関係を築こうと決意しました。

それから毎日声をかけたり、放課後みんなが帰るまで教室に残っている子だったので、下駄箱まで一緒に帰ったりすることを続けました。

二学期頃から徐々に、帰りの二人の時には問いかけに答えてくれるようになっていきました。それが、他の子がいても答えるようになり、クラス全員の場でも反応できるようになっていきました。卒業式ではなんと、気持ちのよい返事を体育館に響かせ、卒業証書を授与するまでに成長しました。

もちろん、フウさんのできていることを認めたり、自信につながるように価値付けたりしたことも効果があったと思います。

日々、和紙一枚ずつを重ねていくように時間を共に過ごしたことが、振り返った時に驚くような厚みになっていたのです。

もちろん、こういう褒め方が効果的だというのがあると思います。しかし、放課後一緒に下駄箱まで帰ったり、悲しいことに「そうだよね」などと共感したりした何気ない時間が、私とフウさんの信頼関係を紡いでいったのだと思います。

信頼を得るには、歴史がいります。「この先生の話を聞こう」「○○先生が言うなら…」と子どもたちに思わせるためには、日々の和紙一枚ずつを丁寧に重ねていく作業が重要です。そのためには、「日々是全力」。目の前の子どもたち一人一人を大切に、一時間ずつを大切にしていく事実を積み重ねていくことが大切になります。

何か特別なことをしたから信頼されるのではなく、日々の何気ないことを大切にしている姿に子どもたちは信頼してくれるのです。

子どもの大好きな世界に教師も浸る

子どもたちの世界に浸ることで、見えてくるものがあります。子どもたちの好きな漫画やゲームなどを授業で取り上げることで、日常生活を結び付けて学びを広げていく子もいます。そのためにも、アンテナを高くしておく必要があります。

日頃から、授業で使えそうなことはないかなど、アンテナを高くしておくことは大切なことです。また、

子どもに人気なことの世界に浸ってみることで、子どもたちとつながりを深めることができます。

「鬼滅の刃」が大人気です。子どもたちの話題に頻繁に登場してきます。そこで、大人買いをして一気に読みました。子どもたちが、「炭治郎が…」と言っていても、何の話かわかりませんでしたが、「先生は、善逸が好きだなぁ」などと答えると、それだけで子どもたちは喜んでくれます。そして、知っていることを教えてくれます。

昨年度、六年生を担任していました。イラストが得意な子たちがいました。その子たちが、「先生、イラスト描いたからあげる」とプレゼントしてくれました。そのイラストを、新年度の手帳の表紙に貼っておきました。「鬼滅の刃」が好きな子が、声をかけてくれるだろうという目論見です。案の定、「先生、鬼滅の刃好きなんですか?」と声をかけてくれる子がいて、そのことをきっかけにつながっていけました。

授業などでも、子どもたちが好きな内容を取り上げます。それだけで、子どもたちの目が輝くのがわかります。

六年生の算数「分数倍」の学習は、難教材の一つです。五年生の割合の学習が理解できていない子にとっては、「何倍」と聞くだけでも嫌がります。さらに、割合を分数で表すので、より一層理解に苦しみます。$\frac{11}{3}$と聞いて、それが何倍くらいなのかイメージを持ちにくいです。

そこで、子どもたちの大好きな「鬼滅の刃」を使って、学びます。「今日はね…」と禰豆子のイラストを提示すると、「何?」とうれしそうに子どもたちの視線が集まるのがわかります。「身長知っている?」とたずねると、「えっ、どれくらいだろう?」と話が盛り上がります。そこで、150㎝（物語開始時）と提示します。すると、「炭治郎は?」と言う子が出てきます。「だと思った」と言いながら、炭治郎（選別時）のイラストを提示しながら、何㎝だろうとたずねます。すると、「禰豆子よりは、高いよ」などと声がします。「禰豆子の$\frac{11}{10}$倍なんだって」と言うと、必死になって考えていきます。他にも、時透無一郎や悲鳴嶼行冥など子どもたちの好きなキャラクターを使いながら、問題を進めていきます。

もちろん、「鬼滅の刃」の話で盛り上がって終わりではいけません。ただ、「分数倍」という苦手意識が強い教材などにおいて、子どもたちが大好きな世界を教材として持ってくることで、「知りたい」とやる気に火がつく子もいます。

そして、学びが続いていきます。家に帰り自主学習で、授業で取り上げなかったキャラクターについて取り上げる子や体重について調べ問題にする子、他の漫画について調べてくる子などがいます。

このように、授業での学びと子どもたちの大好きな世界とを結び付けていくことで、理解が深まる子もいます。

これは、学年の先生が作成してくれたものですが、「あつまれどうぶつの森」を参考に、「あつまれ自主学習の森」「あつまれ読書の山」などの掲示コーナーを作成しています。器用な先生なので、キャラクターをフェルトなどで作成して、掲示板を華やかにしてくれています。これだけで、子どもたちは掲示コーナーに集まってきます。

今回紹介したのは、ゲームや漫画など子どもたちの好きな世界のことが多かったですが、様々な場に学びを深めるヒントや情報が溢れています。教師である私たちが、「これ使えるかな」「何かいい情報ないかな」などと、アンテナを高くしておかないと気付けません。

授業をビデオに撮って振り返る

授業をしているだけでは、気付かないこと・見えないことでいっぱいです。

自分自身で振り返りの場を設定し、多面的・多角的に自分の授業を見つめたり、他の先生の授業を観たりすることで、「見える世界」が広がっていきます。

自分が授業をしている姿を、見たことがありますか？　自分が授業をしている時の声を、聴いたことがありますか？　こうたずねると、「恥ずかしい」「聞き苦しい」などの声を耳にします。しかし、考えてみてください。

自分自身も目を覆いたくなるような恥ずかしい授業を、子どもたちは毎日受けてくれています。そして子どもたちは優しいので、拙い授業でも、文句を言いません。

そのため、何の振り返りをすることもなく、変化なく過ぎていきます。毎日六時間、授業をこなすことがやっと。本当にこれでいいんでしょうか？

私たち**教師は、授業で勝負をするプロ**です。**「人は見ようとしたものしか、見えません」**。授業者としての自分の視点だけで見ていては、見える世界は広がりません。**授業力を鍛えるためには、多面的・多角的に自分の授業を見ることが大切です。**

まずは、ビデオで撮影をしてみましょう。すると、授業者である自分では気付かなかったことが見えてきます。子どもたちのプラス面・マイナス面、授業者である私が前方の子には目を配っているが後方の子には目が向いていないこと、話し方が単調な癖など、客観的に動画を見ないと気付けなかったことが見えてきます。授業を深めるカギになった子どものつぶやきを見逃していたことにも気付き、落ち込むこともあります。簡単に撮影をすることができます。通勤時間中に見たり、聞いたりするだけでも効果抜群です。撮影の許可については管理職に相談するとよいでしょう。

次に、自分だけではなく、教師サークルなどにも持って行き、見てもらいます。すると、他者の視点からのアドバイスをもらえます。同じ授業について多角的に見ることで、見える世界が広がります。時には、校内の先生方にお願いをして、授業を観てもらいます。校外の先生方と違い、子どもたちの実態についても理解されているので、参考になるご意見をいただけます。

最後に、他の先生方の授業を観せてもらうことです。ビデオなどで自分の授業を振り返っていると、「授業者の先生の子どもたちへの目の配り方を見よう」「どうやって子どものつぶやきを拾っているのか」など、目的意識を持って見ることになります。すると、ただ見ているだけでは気付かなかったことが、目に入ってきます。そして、自分が授業をする時にいかしていくことで、これまで気付かなかったことに気付けることもあります。

私は、授業を見せていただく時には、前方から授業を見せていただくようにしています。それは、子どもたちの反応が気になるからです。目の前の子どもたちをやる気にさせたり、考えを深めたりする指導方法こそが、効果があります。たとえば、下にばかり目が向いていた子が、グッと顔を上げて先生の方を見つめることがあります。その時に教師が何を問い、どう振る舞っていたかを見て、参考にしています。

ただ授業を行っているだけでは、いつまでたっても「見える世界」は広がりません。

自分自身で振り返りの場を設定し、多面的・多角的に自分の授業を見つめたり、他の先生の授業を観たりすることで、「見える世界」が広がっていきます。

見える世界は、急に広がるわけではありません。「話すスピードが速いから、今日はゆっくり話そう」など、意識を持って取り組みを積み重ねることで少しずつ高まるものです。

この**「見える世界」が、子どもたちの力を引き出したり、学びを深めたりすることを大きく左右します。子どもたちがどんな素敵な学びの姿、つぶやきをしていても、教師である私たちが見えていなければ、見過ごしてしまいます。**

第3章

場面別 こんな時、こう、授業でクラスをつくる

かかわり

プリント配り・集めでは心を交流させる

一日十回以上あるプリント配り・集めの場面で、「どうぞ」「ありがとう」と言うことの積み重ねが大きな差になります。

そこに、教師のこだわりというスパイスを加えることで、子どもたちはさらにつながっていきます。

◎こんな子いませんか

プリントやノートを投げるなど、雑に渡したり配ったりする子。
近くに座っていても、関係が希薄な子どもたち。

◎ここが授業でクラスをつくるポイント

プリントを配る（渡す）時には、「どうぞ」という思いやりの一言。受け取る時には、「ありがとう」の感謝の一言を添える。これは、有田和正氏の有名な実践です。

プリントを配る時などに、これらの言葉を添えるように指導されている学級は多いのではないでしょうか。何気ない一言ですが、学年末には子どもたち同士の「つながり」を深めるために欠かせない教師の「こだわり」になっていることを感じます。

子どもたちに「何のために『どうぞ』『ありがとう』と言わせるのか」、自分なりの答えを持つことが大切です。

あるクラスを参観させてもらった時のことです。きっと、「どうぞ」「ありがとう」と言

うことを指導されていたのだと思います。

しかし、子どもたちは相手を馬鹿にしたような声の大きさや口調で「どうぞ〜」と渡していました。なんだか、言わないといけないと指導されているから、言葉だけを発しているという感じがしました。子どもたちには、「どうぞ」「ありがとう」をなぜ言うのかという意味や効果が、伝わっていなかったのだと思います。

私も有田先生のように、「思いやりの心」や「感謝の心」を育てたいと考えています。そのため、あえて何も言わないで渡す・受け取ることを体験させて、感じ方の違いを交流します。すると、「プリントを渡されただけなのに、あたたかい気持ちになった」と教えてくれます。中には、「やっぱり、両手で渡す方がいい」「言葉もだけど、笑顔だとうれしい」などにも気付いてくれます。

また、「思いやりの心」や「感謝の心」を育むことに加えて、「子どもたちをつなげるため」とも考えています。**プリントなどを配る・集める場面は、少なく見積もっても、一日に十回はあります。**その機会を使わない手はありません。そして、**こういう小さなことにこだわるか、こだわらないかが、クラスの姿に大きく影響します。微差が大差になります。**

たとえば、班ごとにプリントを集めて提出させる場面があります。その時に、「では、一番早く起きた人が集めてきて」と言うだけで、「僕は、六時に起きた」「私は、五時よ」など話に花が咲きます。

高学年になると、特定の子と関係を深める傾向があります。男女となると、お互いに意識し合い、近くの席でも関係が希薄なことも多いです。

プリントを配る・集める機会を利用して、子どもたちを「つなぐ」ことにこだわって指導することで、子どもたち同士の関係が深まります。

授業の中では、隣の子や班で交流することが多いです。その時に、**話ができる関係になっていることは、学習内容を深めることに大きく関係してきます。**

授業を参観に来てくださった先生が授業後、「班机にする時に、『お願いします』と言って席をくっつけていたことにビックリしました」と教えてくださいました。これは、プリントを配る時に「どうぞ」、受け取る時に「ありがとう」と言うことの意味を子どもたちが感じていたり、「つなげる」ことにこだわって指導をしてきた成果だと思います。

かかわり

人にされたことは人にしたくなる心理で親切を広げる

人にされたことは、人にしたくなるのが人間です。

叱ることは簡単ですが、叱るよりも心に響く方法はいくつもあります。

教師の言動を、子どもたちも見ています。教師があたたかい対応をすると、クラス全体があたたかくなります。

こんな子いませんか

何度言っても、授業に遅れてくる子。
忘れ物を繰り返す子。

ここが授業でクラスをつくるポイント

遅刻・忘れ物は、よいことではありません。だからといって、「何度言ったらわかるんだ」などと大きな声で指導する事案ではありません。

子どもたちに期待することは、「時間を守る子になる」「事前に物事を準備する子になる」ことではないでしょうか。

私は、人にされたことは人にしたくなる心理を利用します。

例えば、三時間目の書写の授業のことです。マサルくんは、ドッジボールに夢中になり、遅れて教室に帰ってきました。書写の授業では、事前に半紙を五枚取っておくこと、習字道具を準備しておくことが、約束になっていました。マサルくんは、「まずい」という表

情で教室に入ってきました。ここで叱ることは簡単です。

予鈴が鳴っても戻ってきそうな気配がないので、教室の後ろに置いてある習字道具を持ってきて、私が準備を始めました。その姿を見たカナさんが、手伝ってくれました。トシオくんは、半紙を準備してくれました。

「まずい」と思いながら教室に入ってきたマサルくんは、ビックリ。そして、「カナさんとトシオくんが、準備をしてくれたよ」と伝えました。マサルくんはお礼を伝え、カナさんもトシオくんも笑顔になっていました。

人に親切にされると、自分も親切にしてあげたくなるのが人間です。後日、トシオくんが下敷きを忘れてしまいました。その時にマサルくんが「僕のを使いなよ」と貸していました。次の書写の時間には、マサルくんが遅れてくることはありませんでした。

タダシくんは、定規を忘れてしまいました。タダシくんは、忘れ物の多い子です。ここでも叱るのは簡単です。

忘れ物をしがちな子の背景には、複雑な課題を抱え、本人にはどうしようもない場合もあります。

「定規を忘れたので貸してください」と言いにきたので、「タダシくんは、左利きだったよね。左利き用の定規を貸してあげるね」と言って渡しました。「あっ本当だ。数字が右から左に書いてある」と左利き用の特徴に気付いたので、「さすがだね」と認めました。

タダシくんだけではなく、**定規を忘れる子はいるもの**です。そのことを想定して、いくつも用意しています。また、**定規やハサミなど左利き用を準備しておくことで、「あなたを大切にしているよ」というメッセージを届けることもできます。**

叱ることは簡単です。しかし見方を変えると、**教師と子ども、子どもたち同士の「つながり」を強め、「安心」して学ぶことにつなげるチャンス**にすることができます。

また、遅刻したマサルくんや忘れ物をしたタダシくんだけではなく、この様子はクラス全員が見ています。大きな声で叱る場合と、このような対応をする場合、どちらが友達を大切にするクラスになるでしょうか。

かかわり

家庭科の裁縫課題はペア・クラスの課題にする

「困っている人がいたら、助ける」ということは、どのクラスでも指導されていると思います。

ただ、実際の授業の場面で「困っている」にもかかわらず、子どもたちは見て見ぬふりをすることはないでしょうか。

こんな子いませんか

作業が進まず困っている子。
作業が早く終わり、暇を持て余している子。

ここが授業でクラスをつくるポイント

家庭科で、裁縫実習をする時のことです。得意な子はどんどん作業を進めていき、時間を持て余しています。苦手な子は、作業が進みません。困っているにもかかわらず、他の子が見て見ぬふりをしているようなことはないでしょうか？　家庭科の場面に限らず、様々な授業の場面で同じようなことはないでしょうか？
私は日頃から、「誰にでも得意なこと・苦手なことがある」ことを話しています。

苦手なことは個人の課題にせず、クラスの課題として取り組むことで、「つながり」を深め、「安心感」を強めることができます。

家庭科で、裁縫実習をしました。個人で進めさせるのではなく、ペアで取り組ませます。

子どもたちの様子にもよりますが、「得意な人？　苦手な人？」と自己申告をさせ、得意な子と苦手な子がペアになるようにしています。さらに、男女です。はじめは照れていますが、授業の中で教師が指示しているので、その後は恥ずかしがらずに作業を進めていきます。高学年になり、男女を意識したり、特定の子と関係を深めたりしがちです。だからこそ、**授業の中でペアになり、相手のよさを知ったり、助けられたりする機会を設定することは大切です。**

進捗状況を見せにくる時も、ペアで来させます。**もし得意な子ができていて、苦手な子ができていなかったら、先には進めさせません。**得意な子に、「玉止めができていないから、フォローしてあげて」と頼みます。

「ナップサックを製作する」とスタートした時には、多くの子がやる気になっているでしょう。しかし、進むにつれて「もういいや」と作業を投げ出したり、雑になったりする原因には、どうやったらいいかわからないということがあります。ペアで取り組むことで、いつでも教えてもらえます。得意な子にとっても人に教えることで、技能が高まったり、理解が深まったりします。

ペアで協力して取り組ませると、自分たちが終わればそれで終わりではなくなります。

自分たちが終わっても、他のペアをフォローしたり、授業のギリギリまで作業ができるように片付け等できることを見つけて取り組んだりするようになります。

苦手な子にとっては、友達が助けてくれて、作品ができあがることは、うれしいことです。この気持ちは、他の教科や場面で、必ずつながってきます。

算数の場面で問題がわからない子がいたら、優しく教えています。休憩時間に一人で落ち込んでいたら、そばに寄り添っています。

授業を通して、「困っている子がいたら、こうやって助けるんだよ」「見て見ぬふりをしていても、誰も楽しくならないよ」ということを教えていくことで、困っている友達を助けたり、友達の課題ではなくよさに目を向けていくあたたかい雰囲気のクラスになったりするのではないでしょうか。

誰かの「できない」や「どうしよう」を個人の課題とするのではなく、クラス全体の課題として一緒に解決していくクラスにしていきたいものです。

一人一人違うから、楽しいのです。

かかわり

友達との○×クイズで授業にのせる

学びへの抵抗感を感じている子への対応を考えることは、全ての子を学びやすくすることになります。

たとえば、○×クイズを友達とかかわり合いながら進めることで、学びへのスイッチを入れることができます。

こんな子いませんか

国語の説明文というだけで、抵抗感を感じている子。

ここが授業でクラスをつくるポイント

国語の説明文の学習でのことです。新しい教材文を教師が読んでいきます。その際に、「これからの学習で深めていきたい課題を見つけてね」などと言われても、説明文というだけで「長いな」「嫌だな」と思っている子にとっては、向き合う気持ちになれません。自分で「学習課題を見つける」など、難易度の高すぎることです。

ここで、**説明文に抵抗感を感じている子が興味を持ちやすくしていくのが、教師の腕の見せ所です。**

たとえば、教材文を読む前に「○×クイズ」を出題します。六年生「イースター島にはなぜ森林がないのか」の学習では、「森林がなくなったのは、ラットがヤシの実を食べたから」などの問題です。説明文の学習というと嫌そうだった子も、「ラットのせいだったら、食べすぎでしょう」などと顔が上がってきます。そこで、「○か×か答えを見つけながら聞いてね。そして、今度はみんなに問題をつくってもらって、○×クイズ大会をやるから」と言うと、目的を持って説明文を聞くようになります。

教師が読み進めていくと、「おっ、ラットが原因で森林がなくなったんだ」と、クイズの答えにも気付きます。

読み終えた後は、いよいよ○×クイズづくりです。**この活動のよさは、自分が作成したら終わりではないということです。**当然、友達にクイズを出題して答えてもらいます。**説明文に抵抗感を感じている子も、友達とかかわるとなると、やる気が高まります。**

ペアで○×クイズ

八つ切り画用紙を半分に折ります。表に、クイズを書かせます。画用紙を開いた中側には、答えと簡単な説明を書かせます。問題は、「ラットを船に乗せたのは、アメリカ人である」などのような、読み返せばすぐにわかるような内容でよいです。一人で考えるのが難しい子もいるので、ペアで一緒に考えさせます。

いよいよ、クイズ大会です。教室を散歩しながら出会った友達に出題をし、答えてもらいます。**当然答える子は、再度教科書を開いて見直す必要が出てきます。**説明文に抵抗感がある子も、クイズは大好きな子が多いので、喜んで取り組んでいます。

授業の後半に、「一回読んだだけでは難しかった問題はどれ？」とたずねます。子どもたちの力だけでは、読み取りにくかった内容が、今後の学習課題になります。

授業のねらいとしては、今後の学習課題を立てることでした。もちろん、教師が読んだ後一人で考えさせることもできました。

説明文は、子どもたちにとって知らない言葉が出てきて、しかも長文です。もし私が、「ある病気について説明してある医学書を読め」と言われたら、見ただけで嫌です。でも、その病気が、自分や家族に関することであったら、辞書を使いながらでも読み取るかもしれません。

「説明文の学習をするよ」と言うと、「よし」という気持ちになる子もいます。しかし、「説明文」というだけで「嫌」な子もいます。**「嫌」な子への対応を考えることは、結局は全ての子を学びやすくする対応になります。**


「苦手」な子に、少しでも読んでみようという気持ちにさせる工夫があります。説明文を読み取る目的を持ち、学びへのスイッチが入っていきます。

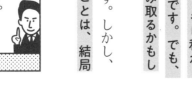

発表

最初の授業から「全員発表」の事実をつくる

新しいクラスになって、誰もがドキドキしています。

そして、「頑張ろう」というやる気を持っています。

「全員発表達成」という事実をつくることで、「頑張ろう」というやる気をさらに高めていきます。

● こんなことありませんか

教師が「発表する人？」とたずねても、手を挙げるのは数名。

● ここが授業でクラスをつくるポイント

学級開きをしてすぐの授業は、一年間のクラスの雰囲気を決めるのに重要です。この期間に失敗してしまうと取り戻すのは至難の業です。そのため、**細かい戦略が必要**です。

授業では、手を挙げて自分の考えを発表するものという雰囲気をつくってしまいます。

でも、焦ってはいけません。私たち教員でも、新しい職場に転勤して自己紹介などをすることは、ドキドキします。子どもたちなら、なおさらです。「自分から手を挙げて」となると、さらにレベルが高いです。

このことを意識せずに、授業でいきなり、「身の回りにどんなきまりがある？」とたずねても、手が挙がるのは数名です。そこで、「手が挙がらないんだね」などと言ってしまうと、「発表をしなくてもいいという雰囲気」ができあがります。勇気を持って発表しようか悩んでいた子は、「みんなが発表しないなら、発表しない方がいい」と流されます。

私は、学級開きから早い段階で「全員発表をした」という事実をつくってしまいます。「みんな」が発表をするという「雰囲気」は強靭な力を持ちます。

社会科の最初の授業を例に、考えてみたいと思います（第六学年「わたしたちのくらしと日本国憲法」）。

まずは、「身の回りにどんなきまりがあるかな？　すぐに思いつかない人もいると思うから、例で言えそうな人いない？」とたずねました。すると、数名の手が挙がります。全員が手を挙げることを前提に話していないので、手が挙がるだけで「みんなのために教えてくれるなんて、すごいなぁ」と認め、指名することができます。「交通ルールがあります」と答えてくれた後に、「ありがとう。合っているかどうかわからない中で、勇気を持って発表してくれることは、すごい」と褒め、クラス全員で拍手をします。ここで、「自分の考えを発表することは大事なこと」というメッセージをクラス全体に送ります。

そして、「今教えてくれたアンリさんの意見を参考に、身の回りにどんなきまりがあるか隣の子と話してみて。その後、全員に聞くね」と伝えます。隣の子と話している時に、思いついていなさそうな子や発表に自信のなさそうな子のそばにいきます。そこで、**ヒントを与えたり、一緒に考えたりして、全員の場で言える準備を整えます。**「じゃあ聞いていくね」と言い、挙手ではなく指名しながら全員に聞きます。もちろんその時に、発表に対して肯定的な反応をします。

子どもたちにとって難しい内容でもなく、発表の準備の時間もあったので、全員が発表できます。全員が言い終わった時に、「ねぇ、社会の最初の授業だったけど、もう全員が発表したじゃん。一時間目から全員発表達成だよ。すごい」と認め、全員で拍手をします。黒板の端には、「社会一時間目で全員発表達成」と書いておきます。学級通信で保護者にも伝えます。

全員が発表したという事実、さらには「みんな」が発表するというクラスの「雰囲気」をつくることで、発表に対して主体的な学級になっていきます。

発表

話し手ではなく聞き手を指導する

よい聞き手が、よい話し手をつくります。指導の意識が向きがちな話し手ではなく、聞き手の様子に注意を向けることで、クラス全体の雰囲気が変わります。

また、聞き手に緊張感を持たせることも、大切なことです。

こんな子いませんか

友達の発表を聞いていない子。

人が発表している時に、手悪さをしている子。

ここが授業でクラスをつくるポイント

授業のほとんどの時間は、教師や友達の話を聞く時間です。**発表するとなると何を話そうとドキドキする子も、ただ聞いておくとなると緊張感はありません。**

しかし、集中して人の話を「聞く」ようになると、理解が深まっていきます。また、**聞き手が真剣に話を聞いてくれていると、話し手も自信を持って話ができるようになります。**

子どもたちを授業の「お客様」にしてはいけません。

算数の授業中、フウコさんは黒板を使って発表をしていました。フウコさんは話し手なので、この場面の「主役」です。それに対して、聞いている子たちは主役を支える「脇

役」です。誰もが、主役であるフウコさんに目が向きがちです。

「よい聞き手が、よい話し手をつくる」ことを大切にします。

教師が見つめるのは、この場面での「主役」であるフウコさんではなく、「脇役」である聞き手の姿です。

フウコさんは、聞き手に考えを伝えるために話しています。しかし、聞き手が聞いていなければ、独り言です。聞き手である子どもたちには、「お客様」ではなく、授業をつくっている一人として自覚させたいです。

ある時は、「イズミくんはメモを取りながら聞いていいなぁ」と認め、よさを広げます。

ある時は、「全員起立。隣の人に、フウコさんが何と発表していたか伝えられたら座りなさい」と指示をします。聞いていなかった子は、慌てて周りの子に確認をします。

聞き手の子たちに緊張感を持たせ、お客様にしません。

別の場面で、ミカさんが発表をしました。教師は、子どもが発表した後に同じことを繰り返してしまいがちです。しかも、解説を加えて丁寧に話します。すると、子どもたちは友達の発表を聞かなくなっていきます。

「まとめるとどういうこと?」「別の言葉で言うと?」「ポイントは?」などと他の子をテンポよく指名していきます。子どもたちに再度説明させたり、まとめさせたりしていきます。

子どもたちは、いつ当てられるかわからないので緊張感を持って聞くようになります。

あまりにも聞く態度が悪い場合には、体感をさせます。ペアになり、一分間昨日あった出来事を語らせます。一回目は、うなずきながら話を聞きます。しかし二回目は、**自分が思う最悪な聞き方で同じ内容を聞かせます。**肘をついて聞いたり、手悪さをしたり。

その後、**話し手がどう感じたかを交流させます。**当然、二回目では、話し手がとても嫌な気持ちになっています。ペアではなく学級全体の場面でも、手悪さなどをしていると、相手が嫌な気持ちになるということにつなげていくことで、聞く態度も変わっていきます。

叱らない

授業はじめは「五分間ルーティン」で遅刻をなくす

授業の開始五分は、ゴールデンタイムです。

遅れてきた子を厳しく指導し、学級全体がマイナスの雰囲気に包まれると、その後の時間も重たいです。

開始五分のルーティンをつくることで、プラスの雰囲気に包むことができます。

こんなことありませんか

休み時間後、授業に遅れてくる子たち。遅れてしまっている子を指導することで、学級全体がマイナスの雰囲気に包まれる。

ここが授業でクラスをつくるポイント

子どもたちにとって、休み時間はスペシャルタイムです。

この見方を、教師は持っておく必要があります。私自身の子ども時代を振り返っても、休み時間を楽しみに学校に行っていました。

それにもかかわらず、授業時間を延長したり、休み時間に課題を与え、子どもたちの楽しみな休み時間を奪ったりすることは、子どもたちとの信頼関係を崩しかねません。

まずは、**教師である私たち自身が授業の開始と終わりの時間を厳守すること**が重要です。そのうえで、子どもたちが授業の開始時間を守りたくなるルーティンをつくります。

子どもたちにとって、休み時間はスペシャルタイムです。

授業の開始五分に、子どもたちが楽しく・成長を感じられるようなルーティンをつくることで、時間を守りやすくなります。ルーティンが切り替えのスイッチになります。

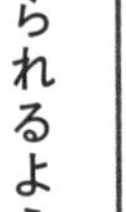

何の仕掛けもしないで、遅れてきた子どもたちに「なんで遅れたの？　時間過ぎているでしょう」などと注意したところで、子どもたちは守ろうとしません。

授業の開始五分は、ゴールデンタイムです。**遅れてきた子への指導は、時間を守っている他の子どもたちの授業へのやる気をも下げてしまいます。**

四月、遅れて帰ってくる子がいても、私は待ちません。授業を始めてしまいます。そして、次のようなルーティンの内容を進めていきます。

国語では、漢字ドリルを使った音読ゲーム・ことわざや部首のフラッシュカード。算数では、百マス計算や前時の復習フラッシュカード。社会では、歴史人物カルタです。

百マス計算は、スタートが遅れると、タイムが遅くなります。歴史人物カルタは、友達との勝負なので、遅れただけ自分の取れるカードが減り、損をします。

叱ることより、「みんな」が楽しんでいる雰囲気に乗り遅れたり、ゲームで自分が不利になることの方が、授業時間を守る気持ちにさせます。

遅れてきても、全体の場で厳しく指導することはしません。「遅れてごめんなさい」と入ってくると、理由を聞き「待っていたよ」と伝え、授業を進めていきます。

授業の開始五分をルーティンにすると、休み時間モードから授業モードに気持ちを切り替えることができます。**ルーティンの内容を「ゲーム化」することで、授業へのワクワク感を高める**ことができます。この**ワクワク感が、時間を守ること**にもつながります。そして、**同じことを繰り返すので、一人一人が成長を実感する**ことができます。

授業の開始五分のゴールデンタイムでは、遅れてきた子を指導して学級全体をマイナスの雰囲気に包むのではなく、ルーティンをつくることで、プラスの雰囲気に包み込んでいきます。

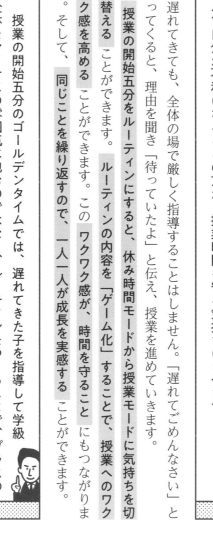

叱らない

「まさか…する子はいないね」と先制する

子どもたちが全力を出すことを阻むものを、事前に取り除いてやること、これも教師の大切な役割です。

事前に「まさかこんなこと…」と予想される子どもの負の姿を言うことで、安心して取り組める場を整えます。

こんな子いませんか

音楽での歌のテストや体育の実技テストなどで、友達の反応が気になり持っている力を出し切らない子。

ここが授業でクラスをつくるポイント

音楽や体育などでの実技は、子どもたちから見ても「苦手」「得意」がすぐにわかります。

私は、自分からカラオケに行くことはありません。でも、歌うことが嫌いかと言われるとそうではありません。通勤での車内、家の中では、気持ちよく歌います。そして、歌うことは好きです。

ではなぜ人前で歌えないかというと、周りの人からの視線、つまり、どう思われるかが気になるからです。もしかしたら、笑われるのではないかと不安なのです。

一方で、運動は得意です。そんな得意な運動でも、自分よりも明らかに上手な人が相手だと、全力を出すことを躊躇することがあります。

これもやっぱり、周りの目が気になるからだと思います。コテンパンにやられた自分のことを、周りの人はどう思うかが不安だからです。

歌のテストのような実技では、苦手に感じている子だけではなく、得意としている子も、周りからどう思われるかと不安を抱えています。

そして、**歌が得意な子も苦手な子も、全力を出すことができる場を整える、これがまさに授業の中でのクラスづくりの場面**です。**何の事前指導もせずに歌のテストを行い、音が外れたことを笑う子がいてから指導するのでは遅いです。笑われた子は、一生心の傷になります。**

私は、安心して取り組めるように、事前に次のような話をします。

「歌のテスト、ドキドキするよね。実は、先生も小学校の頃すごく苦手だった。歌声を笑われたらどうしよう。ミスしたらどうしようと思っていた。今、ドキドキしている人？」とたずねます。すると、ほぼ全員の手が挙がります。「そうだよね。でも、テストということは、一人一人の持っている力を挑戦する場なんだよね。それなのに、本当は10持っている力を5しか出さなかったらもったいないよ。**みんなドキドキしていると手を**

挙げてくれたから、人の歌声を笑わないと約束して。そして、終えたら頑張りを拍手してあげない？　その方が、きっと一人一人の力が発揮できるよ。協力してくれる人、手を挙げて」と言い手を挙げさせ、約束をさせます。教師が話して終わりではなく、実際に手を挙げさせ、学級全体と約束させることがポイントです。

「それなのに、まさか友達が歌う時にこそこそ話したり、目配せしたり、しないよね…」と念押しして、安心な場を整えます。

それでも、一人で歌うことに抵抗感を抱く子はいます。テストをしても、聞こえるか聞こえないかの声で恥ずかしそうな子がいます。私はそんな時、「一人で恥ずかしいみたいだから、力を貸してくれる人いない？」と言い、一緒に歌ってくれる子を募ります。テストなので、一人で歌うことも大切ですが、困っている友達の「力になりたい」というクラスの雰囲気、さらには困っていた子の「助けられた」という安心感の方が、大切なのではないでしょうか。

子どもたちの不安を察知して、事前に防いでやること、どのような言動が人の心をあたたかくするか、事前に示したり考えさせたりすることが、あたたかいクラスにつながっていきます。

叱らない

「褒め点」を事前に準備しておく

授業を計画する際に、どこまで子どもたちの反応を予想しているでしょうか？

「褒め点」を意識することで、叱る場面を褒める場面に変えたり、じっくり考えさせ成長させる場面にしたりすることができます。

こんなことありませんか

走り高跳びの練習中、待ち時間にふざける子。
友達が助走している時に茶化して、グループの雰囲気が悪くなる。

ここが授業でクラスをつくるポイント

「だから言わんこっちゃない」と言いたくなること、ありますよね。**この言葉が出てくるということは、事前に予想ができていたということ**です。

「言わんこっちゃない」と予想ができるなら、叱る場面を褒める場面に変え、「ほらほら」とほくそ笑みながら子どもたちを褒めたり、考えさせる場面にしたりするのが教師の仕事です。

体育の走り高跳びの授業でのことです。第一時ということで、自分の踏み切り足を知ること、助走のリズムをつかむことをねらいに行います。授業を計画する段階で、待ち時間に遊ぶ子や友達が助走している時に茶化す子がいることなどが予想できます。

また、「跳べる・跳べない」がはっきりするので、苦手な子はやる前から挑戦しようとしないことも考えられます。

そこで、高跳び用の棒を使うのではなくゴムを使用することにします。そして、四人一組にして、待ち時間を減らし、たくさんの回数試技できるようにします。

いよいよ、練習開始です。私は各グループを見て回ります。この時に、**「褒め点」を意識して見ます。**

> **「褒め点」は、この場面で見つけたい子どもたちの姿です。授業を計画した段階で、こんな姿を見つけて褒めよう、考えさせようという計画を立てます。**

この授業では、友達が助走している時に「イチ・ニ・イチ・ニ・サン」などのかけ声をかけている子や、「右からの方がスムーズだね」などのフィードバックをしている姿を、「褒め点」として考えていました。そのため、見て回っている時には、これらの子どもたちの姿を探していました。

そして五分経った頃に子どもたちを集め、「サナさんのグループ雰囲気いいけどなんで？」とたずねました。すると、「アドバイスしてくれるから」と答えてくれます。実際にやってもらいます。見ていても、グループの雰囲気がよいことが伝わってきます。

もし何の指導もしなければ、そのうち活動にも飽きて、遊ぶ子が出てくることでしょう。そして、教師が叱り始めます。しかし「褒め点」を意識することで、ある子やあるグループのよさを全体に広げ、認める場とすることができます。

この後、他のグループにも広がっていき、助走のリズムがつかめない子を他の三人が一生懸命教えたり、うまくいった時に拍手をしたりする姿を見ることができました。

走り高跳びなどの陸上競技は、個人種目が多いので、得意な子にとっては退屈、苦手な子にとっては、やる前から諦めがちです。そして、全力で取り組まなかったり、遊んでしまったりしがちです。しかし、授業を計画する段階から様々な子どもたちの動きを予想して、**マイナスをプラスに変える工夫や仕掛けを考えることで、子どもたちの授業の取り組み方やクラス全体の雰囲気を大きく変えることができます。**特に、教師はマイナスな言動は目に入りやすいです。そこで、「褒め点」というプラスの言動を見ようと意識することで、教師の見える世界が大きく変わります。

叱らない

マイナスなことは個別に、プラスなことは全体で取り上げる

マイナスなことは、個別に指導をします。プラスなことは、あえてクラス全体で取り上げます。

また、「○○くんのよさは？」と問い、子どもたちによさを語らせることで、子どもたちがつながっていきます。

こんなことありませんか

特定の子が授業の中で叱られる。
友達から「叱られる子」などマイナスな見方をされている。

ここが授業でクラスをつくるポイント

授業の中でいつも同じ子を叱っていると、「○○くんはいつも叱られる」という見方を、他の子に持たせてしまうことがあります。

子どもたちと話していると、「マサくんは、三年生の頃いつも先生に叱られていたんだよ」と耳にすることがあります。特に低学年などは、先生に叱られているということは、子どもたち同士の見方にマイナスな影響を及ぼします。一方で、褒められることで「いつもサラさんは、褒められてすごい」というプラスな見方に影響します。

授業の中での教師の指導が、子どもたち同士の見方に大きな影響を与えるということを忘れてはいけません。

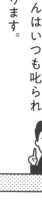

全体の場で指導する必要のない個人的なことは、そばに行って声をかけたり、授業を終えてから呼んで指導をしたりすればよいことです。

友達からどう見られているかは、子どもたちの大きな関心事です。友達が認めてくれることは、自分自身の大きな自信となると同時に、安心して学べるクラスにつながっていきます。

マサくんのようにマイナスな見方をされていると感じる子には、あえて「今のマサくんの発表すごいなぁと感心したんだけど、どこかわかる?」とクラス全体に問います。すると、「聞き手の反応を確認しながら話していた」「『まとめると』という言葉を使って、これまでの意見をまとめている」などが出てきます。この発表を聞いているマサくんは、とてもうれしそうです。昨年まで叱られることが多かったのに、よいことで取り上げられることで、マサくん自身もクラスの中にプラスのことで居場所ができます。

教師が褒めるのではなく、子どもたちに見つけさせ発表させることもポイントです。そうすることで、マサくんは褒めてくれた友達に好感を抱きます。

グループ学習をした授業の振り返りでは、「グループの友達のよかったところを書こう」と指示します。すると、「タカシくんが、『その意見いいね』と認めてくれたのがうれしかった」と綴られていました。タカシくんは、自分勝手なところがあり、人の意見を認められない傾向がありました。そこでタカシくんを呼んで、「チカさんが、こんな振り返りを書いてくれていたよ」とノートを見せました。すると、照れた笑顔で読んでいました。

面と向かって直接褒められることは、うれしいことです。しかし、よいことを人伝えで聞くと、喜びが倍増します。

事あるごとに、「今の○○くんのよかったところは？」とたずねていると、子どもたちの見る目も鍛えられていきます。

よさは目に入りにくいけれど、課題は目に入りやすいものです。

しかし、よさが目に入ってくるようになると、自分自身の成長につながるのはもちろん、子どもたち同士の関係を深めることにもつながっていきます。

間違え

「間違えることで答えが出る」体験をさせる

人前で間違えることは、恥ずかしいと思いがちです。しかし、間違えることは、次の大きな成長のために重要です。

そこで、頭で理解するだけではなく、「体感」することで、恥ずかしい気持ちを乗り越えさせます。

こんなことありませんか

机間指導をしてみると、間違えることを恐れてノートに自分の考えを書こうとしない。間違えるのが怖いから、発表に消極的。

ここが授業でクラスをつくるポイント

人前で間違えることは、恥ずかしいことです。誰もが、避けたいことです。教師として、この「見方」を忘れてはいけません。指導していると、学び手である子どもたちのこの気持ちを忘れてしまいがちです。

四月、机間指導をしていると、間違えることを恐れてノートに自分の考えを書こうとしない子がいます。「発表したい」と思っているものの、「間違ったらどうしよう」と、手を挙げることを躊躇している子がいます。そんな時、次のような話をします。

「**間違ったらどうしようという気持ち、よくわかるよ。**私も、周りの人から笑われたら嫌だなと思っていたよ。でも、間違えを恐れていたら、新たなことにチャレンジして成長できないよ。先生の大好きなスーパースター、バスケットボールの神様マイケル・ジョーダン選手は、失敗を恐れずに挑戦することの大切さを『**私は、９０００回以上シュートを**

外し、３００試合に敗れた。決勝シュートを任されても26回も外した。人生で何度も何度も失敗してきた。だから私は成功したんだ』と言っているよ。間違っても、それが次の成長の扉を広げてくれるよ」と語ります。

子どもたちは、「そうだな」と理解しながら聞いてくれます。

「頭でわかる」だけで終わらせず、「体感」させることが重要です。

ここで、小さな箱の登場です。小さな箱には、金印のレプリカ（社会科歴史の学習だったため）を入れておきました。そして、「この箱の中には、何が入っていると思う？」とたずねると、「先生の宝物だ」「石」など子どもたちは、思い思いに答えてくれます。それに、「近いなぁ」などの反応をしていきます。「大きさはどれくらいですか？」「授業に関連しますか？」など、質問をする子も出てきます。**質問をしたことを、大いに認めます。**少しやりとりを続けていると、子どもたちは「金印だ」と確信を持って言い始めます。少し焦らしながら箱を開け、金印を登場させます。子どもたちは大喜びです。

ここで終わらせると、もったいないです。「失敗を恐れずに挑戦する」という「学び

方」を習得させていくためには、もう一押しが重要です。

子どもたちには、「間違え（失敗）を恐れないで挑戦すると、新しい世界（成長）が見える」ということを感じさせたいです。全くわからなかったところから、答えを導き出せたプロセスを振り返らせ、価値付けます。

「最初箱を見せた時、『絶対わからんよ』という反応の人もいたのに、なぜ五分もしない間に、答えがわかったのだと思う？」とたずねます。すると、「たくさん間違えたから」「質問したから」などの意見が出てきます。そこで、「マイケル・ジョーダン選手のように、失敗（間違え）をたくさんしたから答えという成功にたどりついたんだよね。間違えることや質問することが、成長するためには大事だね」と、子どもたちの言動を価値付けます。さらに、「金印のレプリカは押したらいけないけど、スタンプを押したい？」と言いながら、金印スタンプを登場させます。そして、「間違えることは恥ずかしいことではないと学んだ記念に、ノートに押していいよ」と言って、押させてあげます。

間違え

「間違い」は克服させて授業を終える

子どもたちが実際に間違った時にどう対応をするかが、大きなポイントになります。

「間違った」まま一時間を終えるのではなく、「成長した」「できた」と実感して終えることで、その後の自信につながります。

こんな子いませんか

授業の中で間違ってしまい落ち込んでいる子。
間違ったことがトラウマになっている子。

ここが授業でクラスをつくるポイント

前項のように、「間違えが次の成長につながる」などと話していても、やはり子どもたちは間違えると、落ち込むものです。間違ったことを引きずってしまって、ある種のトラウマになってしまう子もいます。

間違った事実ではなく、成長した事実をつくり授業を終えるようにします。必ず同じ時間の中で完結させます。

授業を終えた五分休憩に、友達から心ない言葉をかけられるなどしたら、大きな傷になりかねません。

もちろん、「教室は間違えるところ」という詩を紹介したり、「間違えはクラスの宝」などと日頃から語ったりして、クラス全体のあたたかい雰囲気もつくっていきます。

いざ間違った時に、教師や友達がどう対応するかが大事です。

算数の授業で、間違った発表をした子がいました。もしここで、**間違ったことを嘲笑うような言動が見られたら、その場で指導をします。ここを見逃したら、子どもたちに「先生は、間違いは宝と言っておきながら、口だけじゃん」と感じさせたり、教師の信頼を失ったりします。**また、学級全体に「間違えることは、恥ずかしい」ということを体感させていることにもなります。

間違えたことを気にせず、すぐに手を挙げて発表する子もいます。学級全体の場で、この行動を認めます。個人的に認める方が望ましい子は、机間指導などで声をかけます。

ここで大切なのは、間違えたことに落ち込んでいる子に、あたたかい言葉もかけますが、**間違ったまま一時間を終わらせない**ことです。机間指導をしている際に、「正解しているよ」と言って○をしたり、「この考えはいいなぁ。みんなにも教えて」など声をかけたりします。そして、手を挙げていたら指名をし、「すぐに挑戦してすごい」とクラス全体

で拍手を送ります。手が挙がらない場合には、授業の終盤にノートに書いている振り返りを読ませたり、簡単な質問をしたりして、

「間違えた」ではなく、「成長した」「間違えを乗り越えた」という事実をつくり、授業を終えます。

時には、「マコトくんの答え（誤答）に至った気持ちわかる？」などとたずねて、どのように考えたか、学びを深めていきます。すると、「僕もそこで間違っていた」など他の子の理解も深まったり、「マコトくんのこの考えはすごいよね。でも、最後の計算が違ったんだね」などと認めたりすることもできます。この**学びが深まるプロセスを体感させることが、「間違えはクラスの宝」という意味を実感させること**にもつながります。

教師が「間違えで終わらせない」と意識することが、クラス全体のあたたかい雰囲気をつくり、学びを深めることにつながります。そして、「自信」を持って様々なことに挑戦していく子どもたちになるのだと思います。

学習意欲

授業の余白時間は必ず自楽させる

四十五分の授業の中で、無駄な時間が生まれないように、空いた時間で学びを深めたり、広げたりする学び方を定着させます。

また、教師自身も空白の時間を生まないように、授業計画を立てることが大切です。

こんな子いませんか

指示されたことを終わらせて、ボーッと待っている子。
時間を与えられても、何をしたらいいかわからない子。

ここが授業でクラスをつくるポイント

授業では、どうしても他の友達を待つ時間が生まれます。この時間を、ボーッと待つ時間にしてしまうのはもったいないです。はじめは待っていても、必ず遊び時間になります。

四十五分という決められた時間の中に、少しも無駄な時間をつくってはいけません。

国語科の最初の授業で、新出漢字の学習をしました。全体で読みなどの確認をした後、ドリルに書き込み練習をするように指示をしました。子どもたちの様子を見て回ると、指示された練習を終えて、ボーッと待っている子たちばかりです。

そんな中、ハルヒコくんは写真のように、漢字ドリルの空いているスペースを利用して

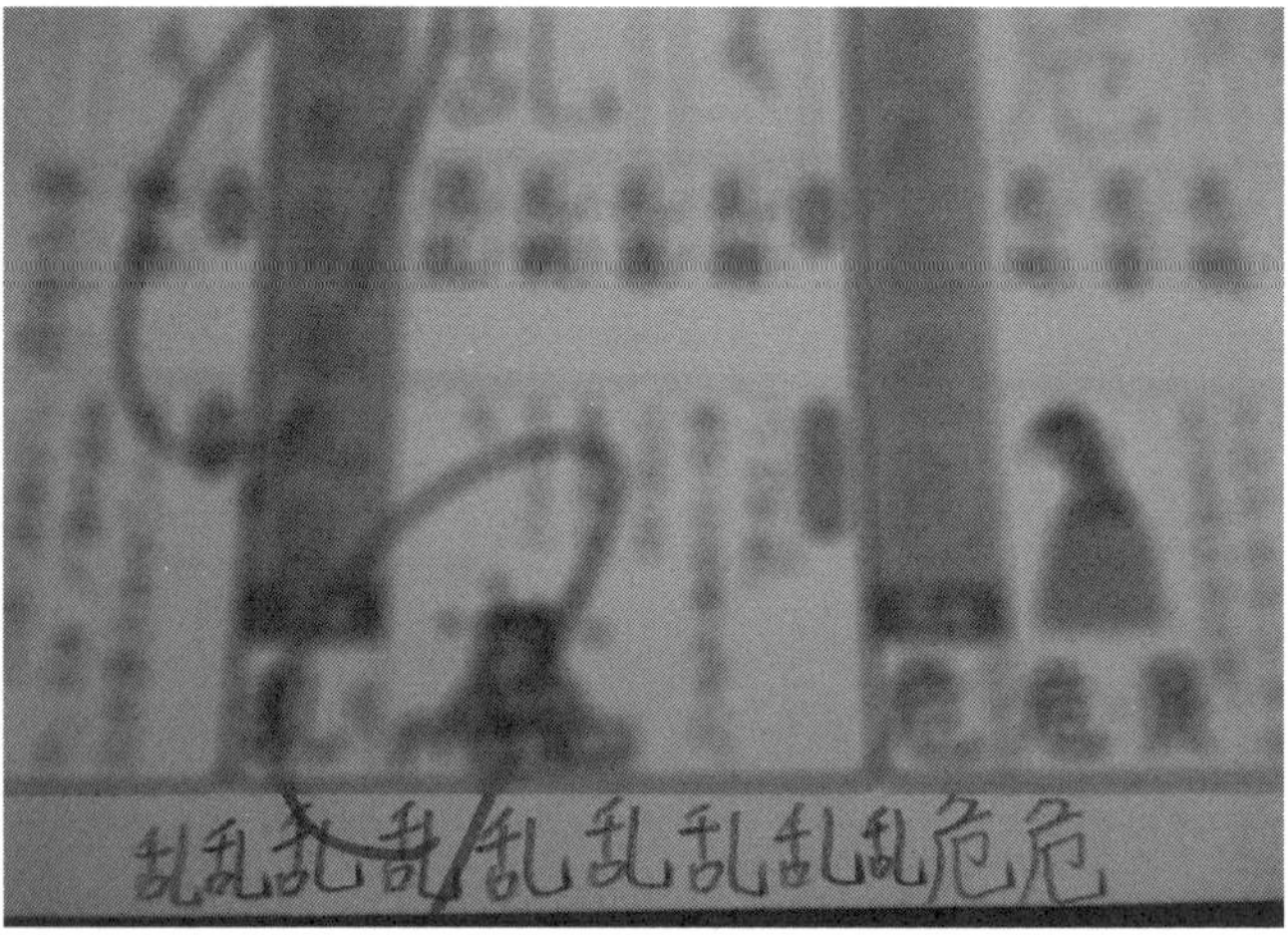

漢字ドリルの余白にも漢字練習

何度も練習をしていました。

　そして学級全体に、「みんなの書いている様子を見て回ったけど、指示されたことをしっかりできていること、すごいね。そんな中で、ハルヒコくんの学び方がすごいと思ったんだ」と言って、漢字ドリルを電子黒板に映し出します。

「何がすごいかわかるかな？」と問いかけると、「僕たちよりもたくさん練習している」などと答えてくれます。そこで、なんで「たくさん練習していることがいいの？」と活動の意味に迫る質問を投げかけます。

　すると、「僕はボッーと待っていたけど、何回も練習をする方が賢くなる」などと答えてくれます。気付いたことを認めながら、次のように語ります。

「作業を終えた時間を、さらに自分の成長につなげられること、すごいよね。覚えるために書くんだから、三回書くよりも四回・五回書く方がいいよね。待つ時間があったら、どんどん学びを深めたり広げたりするために使えるといいね」

次の文字の練習になると、ハルヒコくんの姿を参考に、何度も練習している子が必ずいます。

教師が評価したことを、すぐに取り入れている子を見逃さず、認めるという見方が、子どもたちの学び方として定着させていくためには大切になります。

その姿を見つけておいて、「すごいなぁ。もうハルヒコくんの姿を自分の成長にいかしている人がいっぱいいたよ。友達のよいところを真似することができる人は、ぐんぐん伸びるよ。ナツキくんは、部首を色分け。アキラくんは、言葉の意味を調べている。すご

い」と価値付けていきます。**この価値付けが、どんなことをしたらいいか悩んでいた子たちのヒントにもなります。**

ここで終わらせてはいけません。空白をつくらない、少しでも時間があれば学びを深めることを、常に意識させていきます。漢字の学習を終えた後、国語の教科書を音読していました。全員を起立させ、一場面を読み終えた人から座るように指示をしました。

まだ四月です。先のように漢字学習の時に指導をしていても、音読の場面になると忘れています。そんな中でもフユミさんは、読み終えた後に黙読をしていました。そんな姿を見つけ、「フユミさん、座った後に何をしていたの?」とたずねました。すると、「もう一度読んでいました」と教えてくれました。ここで、「さっきの漢字学習の時に学んだ、少しの時間を利用して、自分の学びを深めたり広げたりすることを、音読でもやっていることがすごい」と認め、拍手を送ります。

国語だけではなく、社会や算数など全ての授業で空白の時間をつくらないように繰り返し指導をしていきます。

写真は、六年生の算数「円の面積」の学習です。問題は左上の半円の面積を求めることでした。マナミさんは、前時までに求めていた問題とは違い、式の中に「÷2」が登場す

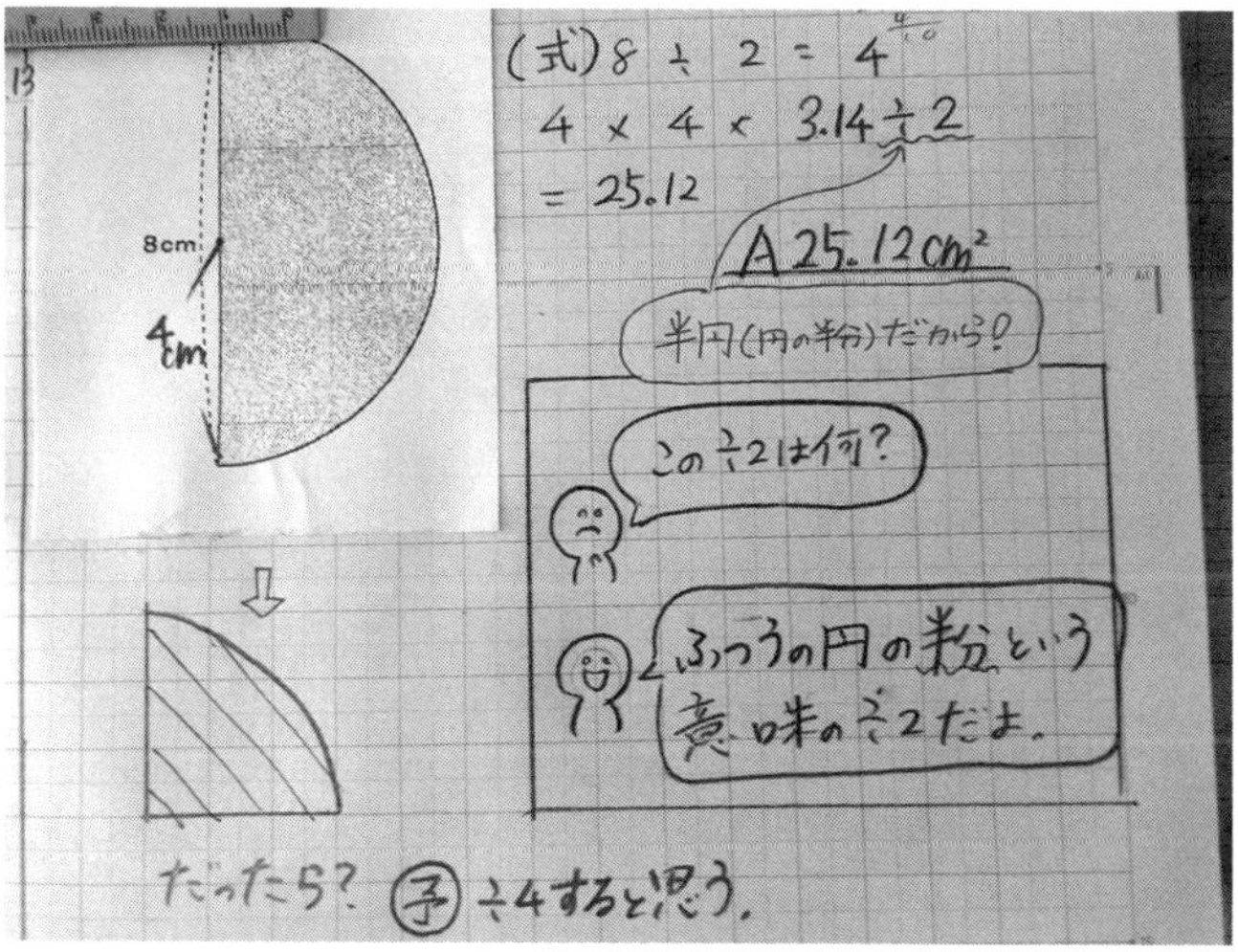
(式) 8 ÷ 2 = 4
4 × 4 × 3.14 ÷ 2
= 25.12
A 25.12cm²
8cm
4cm
半円（円の半分）だから！
この÷2は何？
ふつうの円の半分という意味の÷2だよ。
だったら？ 子 ÷4すると思う。

「円の面積」の学びを深めたノート

る意味を説明しています。さらに、「1/4の半円だったらどうなるか？」ということにまで、学びを深め、広げています。

教師自身が、**しっかりと授業計画を立て、マネージメントすることも大切**です。ダラダラとした授業展開をしていると、空白の時間が生まれます。授業に「リズムやテンポ」が出るように意識したり、発問や活動などを取り入れる「タイミング」を工夫したりして、空白の時間が生まれないようにします。

「空白の時間」について、向山洋一著「授業の腕をあげる法則」（明治図書）が参考になります。

学習意欲

授業をつくる「参加者」と子どもに自覚させる

子どもたちの中には、「先生が授業を楽しませてくれる」などの「お客様」感覚の子がいます。

授業をつくる一人の「参加者」としての感覚を持たせたいものです。何も指導しなければ、「お客様」になりがちです。

こんな子いませんか

教師の発問などに対して、他の友達が答えるだろうという消極的な態度の子。

ここが授業でクラスをつくるポイント

授業は、教師と子どもたちが一緒になってつくりあげていきます。

この思いを子どもたちにも持たせたいです。「先生が授業を進めてくれる」「先生が楽しませてくれる」などといった**「お客様」感覚ではなく、「自分たちも授業をつくる一人」という「参加者」としての感覚**を持たせたいです。

そのために、教師として授業を深めていく工夫をしたり、子どもたちを認めていったりする仕掛けを行います。時には、厳しい指導も必要です。

授業の導入時などには、誰でも答えられるような発問をすることがあります。そんな発問でも、手が挙がるのは数名。「誰かがやってくれるだろう」と子どもたちが「お客様」

になっていることを感じます。もちろん、その発問が子どもたちにとって、学びの「必要感」を持つものになっていたかという振り返りは必要です。それでも、「お客様」になっていることを感じることがあります。

そこで、「手が挙がっていない人は立ちなさい」と指示をします。慌てて手を挙げようとする子もいます。起立した子どもたちに、「なんで手が挙がらなかったのか教えて」とたずねます。すると、返答に困る子、「聞けていませんでした」などと答える子がいます。

授業をつくる一人として、時には子どもたちに緊張感を持たせる指導も必要です。

先ほど手が挙がらず理由を聞かれた子は、その後の授業で積極的に手を挙げようとします。手が挙がらなくても、友達の意見を真剣に聴いたり、ノートにまとめたりする姿が見られます。そこを見逃してはいけません。子どもたちの変化を認めます。

授業の終盤に、「授業の最初に、授業のお客様になってはいけないという話をしたけど、その後たくさんの子が参加者になって学んでいましたね。なんで、参加者になって学ぶことが大切なんだろう?」とたずねます。すると、「自分事として考えると、理解が深まった」「クラス全体の雰囲気がよくなった」などの意見が出てきます。そこで、「今日のように、みんなが参加者となって学ぶと、授業が深まるね」と価値付けます。

子どもたちは、何も指導をしなければ楽な方に流れてしまいます。

「お客様」として授業を受けておきながら、「勉強がわからない」「○○先生の授業は面白くない」などの感想を言い、できないのは人のせいにしてしまうこともあります。**授業の「お客様」ではなく、「参加者」としての学び方を身に付けさせることで、「もっと知りたい」「わからないから知りたい」などの主体的な学び手になる**のではないでしょうか。

学び方を身に付けさせるために、四月は手を挙げさせることが多いですが、その後は手を挙げさせることは少ないです。私の方から、意図的に指名をしていくことが多いです。**手を挙げた子だけが参加する授業から、誰に当たるかわからず全員が緊張感を持ち参加者になる授業になるよう心掛けています。**

学習意欲

自ら「学びのスイッチ」を入れさせる

月曜日の一時間目などは、子どもたちの「学びのスイッチ」が入りにくいものです。そのことを理解して、指導にあたることで、「叱る」以外の方法を選択できるようになります。叱る以外にも、「学びのスイッチ」を入れる方法はあります。

こんなことありませんか

月曜日の一時間目など、ダラダラとして授業モードになっていない子。
机に突っ伏していたのが一人だったのが、日に日に増えていく。

ここが授業でクラスをつくるポイント

月曜日の一時間目、授業をしようと思っても授業モードになっていない子がいます。
「なんなのそのダラダラした態度！」と叱りたくなることでしょう。

「月曜日の朝はダラダラするものだ」と認識しておきましょう。

休日は、朝から晩まで習い事で忙しい子、反対に一日中自由にダラダラ過ごしていた子など様々です。大人でもすぐにはモードが変わらないので、子どもはなおさらです。こう考えると、見方が変わってきます。ダラダラしている子とは反対に、授業モードになっている子もいます。休み明けに叱ってスタートするより、このような**しっかりできている子に「すごいなぁ。しっかり自分でスイッチ入れられているね」と褒める方が、その後も**

気持ちよく学びが進んでいきます。

だからといって、ダラダラしている子をそのままにしていていいわけではありません。

> **クラス集団は、プラスの雰囲気よりもマイナスの雰囲気に引っ張られてしまう傾向があります。**

最初は机に突っ伏している子が一人だったのに、気が付くと五人くらいになり、クラスの大半を占めるようになっていきます。**何も指導をしないというのは、「許している」ことにもなります。**

「なんだかだるいなぁ」と思いながらも「授業だから」と頑張っていた子も、机に突っ伏しているのに何の指導もされない子を見て、「私も」と思い、広がっていきます。

私は、自分自身で学びのスイッチを入れられる子に育ってほしいと願っています。厳しく叱って、表面上はやっているふりをさせることはできます。しかしこれでは、教師の顔色を見て、私の前でだけやる子になってしまいます。

自分で気付くために、あえて「だめ」を演じるのです。

「これから、自分の思う最高にだめだと思う授業態度をしましょう」と子どもたちに指示します。子どもたちは、「姿勢を正しましょう」などと言われることはあっても、「だめな姿勢にしよう」と言われることはないので戸惑います。机に突っ伏して「だめな自分」を演じているセイヤくんに、「セイヤくん、姿勢がよすぎるよ。もっとだなぁ」と言うと、クラスには笑顔が広がります。すると、机に脚を上げる子、机の向きを後ろに向ける子などが出てきます。その状態で、「よし、授業を続けよう」と声をかけ、進めていきます。発表の時にハキハキ発表する子には、「気持ちがよすぎる。もっとダラダラと話さないと」とやり直しをさせます。

このような状態で十分も授業を進めると、子どもたちの表情が変わってきます。初めてのことに楽しみながらやっていた子どもたちも、段々としんどそうな表情に変わります。

そこで、「最高にだめな自分を演じてみてどう感じた?」と子どもたちに問います。すると、「机に突っ伏していると、どんどんやる気がなくなり、気持ちが暗くなっていった」「いつもは気持ちのよい発表をするアヤさんだけど、ダラダラと話す発表を聴いていると、こっちまでだるい気持ちになってきた」「隣の人が机に突っ伏していると、頑張る気持ちにならなかった」などの意見が出てきます。

自分自身の学びのスイッチが入らないだけではなく、周囲やクラス全体がダラダラした雰囲気に包まれることを感じます。

残り時間は、「最高の学び方」で取り組むことを提案します。授業の終わりに、振り返りの時間を設定して、「最高にだめな学び方」と「最高の学び方」を比較させます。**子どもたち一人一人が体感したことで、自分自身はもちろん、周囲にも影響があることを感じ、これまでよりも「学びのスイッチ」が入りやすくなります。**体感するまでは、「姿勢を正そうね」などと教師が声をかけても、子どもたちの中にはなぜ姿勢を正さないといけないのかがわかっていない子もいました。**体感することで、教師の声かけの意味を理解します。**

冒頭にも書いたように、月曜日の一時間目や五時間目などは、子どもたちの「学びのスイッチ」が入りにくいものです。教師や友達の意見を聞くことが中心になるような授業を進めていると、子どもたちはだるい気持ちに引っ張られてしまいがちです。子どもたちの活動が中心の授業を仕組むとよいでしょう。たとえば外国語です。アウトプットすることは、「学びのスイッチ」を入れるきっかけになりやすいです。単語を発音したり、簡単なゲームをペアなどでかかわり合いながら行ったりする中で、「学びのスイッチ」が入っていきます。

「学びのスイッチ」が入っていないなぁと感じると、早口言葉を行ったり、ペアでどちらが早く音読を終えられるか勝負したりすることも効果的です。授業中盤、子どもたちの集中力が切れていることを感じることもあるでしょう。そんな時、「それでは、全員起立」と言って、立たせます。そして、「ここまでの授業で大切だと思うキーワードを一つ、友達と交流しておいで」と指示します。子どもたちは教室を歩き回り、友達とキーワードを交流します。時間にして、たった三分くらいのことです。しかし、この三分をとることで、その後の授業への集中力が高まっていきます。

「集中しなさい」と叱ることは簡単です。しかし、叱ることでマイナスの雰囲気にクラス全体が包まれることも意識しておく必要があります。**予想できるのであれば、叱る以外の術を持っておくことが大切**です。月曜日の一時間目、叱るのではなく、子どもたちの「だるい」という気持ちを理解して、たった五分早口言葉ゲームをして授業を始めるだけでも、その後の雰囲気は大きく変わっていきます。

学習意欲

努力が報われることを体感させる

努力を積み重ねる学び方は、様々な学びで生きて働く力になります。

子どもたちが「やらなければならない」ではなく、「やりたい」と感じるように指導を工夫していきます。

こんな子いませんか

マンネリ化してきて、意欲が低下する子。
努力を積み重ねることが苦手な子。

ここが授業でクラスをつくるポイント

努力を積み重ねることの大切さは、子どもたちも知っています。しかし、それを実行するとなると難しいものです。毎日続けている漢字の宿題が、自分にどうプラスになっているかがわからないために、「ただ書けばいい」という機械的な作業になってしまいます。

私のクラスでは、漢字指導に力を入れています。大きな理由は二つです。

一つ目が、漢字力は様々な学習の根底をなすものだからです。社会にしても、算数にしても、その学習内容がわからないというより、教科書などに書かれている漢字が読めないために、理解が深まっていないことがあります。以前、陰山英男氏から「漢字の50問テストでクラス平均が90点を超えてくると、漢字だけではなく様々な教科の点も上がってくる」と指導を受けました。私自身も実践する中で、共感する部分が多いです。漢字力、さらには漢字を習得する「学び方」は、全ての学びに影響を及ぼすと考えています。

二つ目は、努力の積み重ねが目に見える形でわかりやすいからです。努力を積み重ねていくと、点数というわかりやすい形で結果として表れます。その結果が、子どもたちのさらなるやる気に火をつけ、自信にもなります。漢字の学習だけではなく、その後「英語」の単語を覚える時、資格を取得する時など様々な場で生きて働く「学び方」として定着させることができます。

では、子どもたちが努力を継続するためにどう指導をするか、大きなポイントは三つです。

ポイント一つ目は、「プラス1」です。

3章「授業の余白時間は必ず自楽させる」でも書いている通り、一回でもいいから少しの努力を積み重ねさせることです。その時に、**「やらなければならない」と子どもたちに感じさせるのではなく、「やりたい」と感じるように指導をしていくことが重要**になってきます。

漢字ドリルの枠の外にも練習していた子たちは、宿題でも漢字ノートの枠の外にまで漢

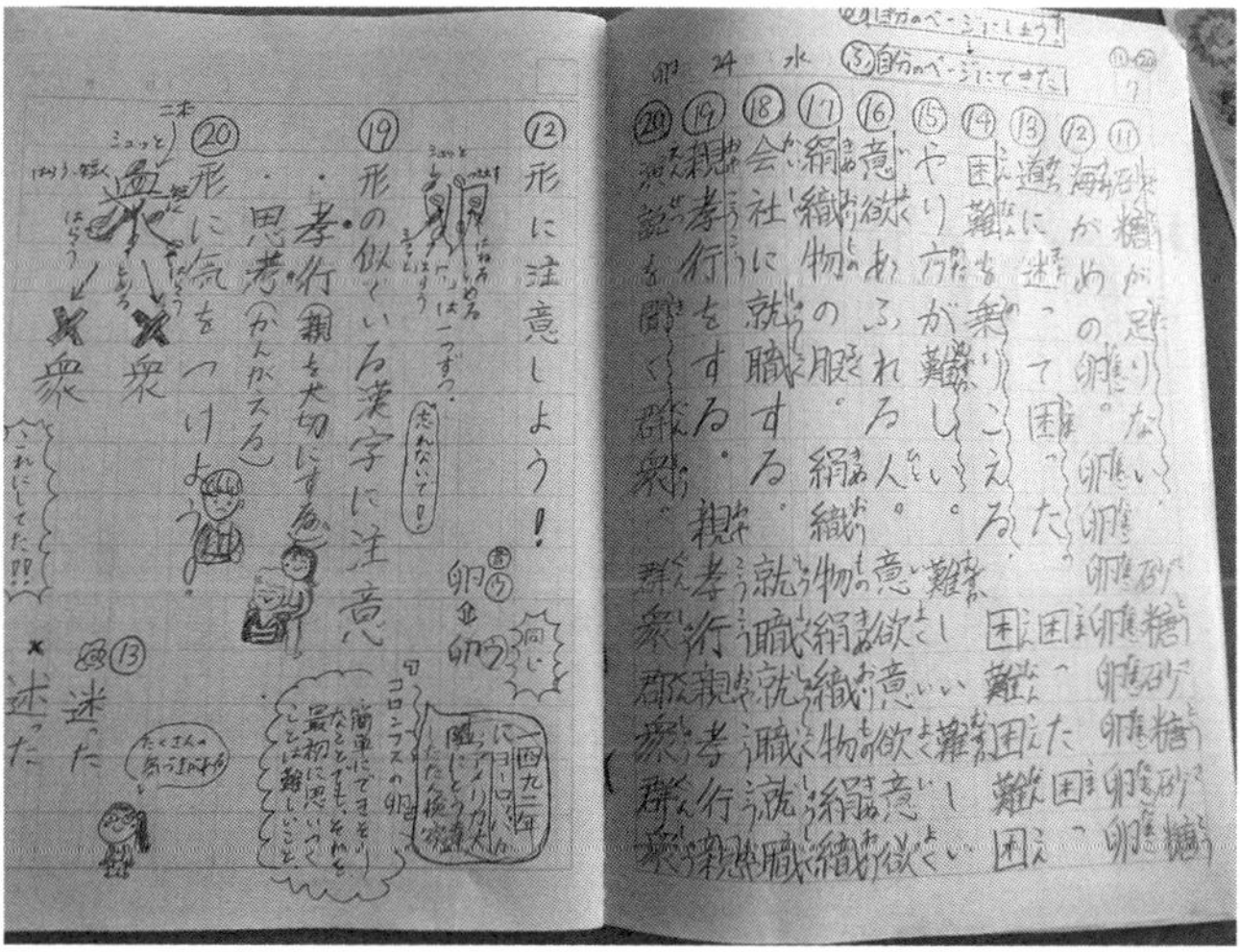

宿題でプラス１

字を練習します。それ以外にも、国語辞典を使い、意味を調べる子などがいます。

上の写真の右ページは、与えられた宿題です。左ページでは、右ページを書く中で自分自身が間違えやすい漢字を間違えないようにポイントをまとめています。また、国語辞典・漢字辞典を活用して楽しみながら、学びを深めています。

ポイント二つ目は、ゲーム化です。

宿題の範囲と連動させた『漢字大相撲』を開催します（詳しくは拙書『授業や学級づくりを「ゲーム化」して子どもを上手に

乗せてしまう方法』（黎明書房）をご覧ください）。漢字大相撲は、宿題で出した範囲をテストします。しかし、「テスト」というと子どもたちは嫌がります。そこで、ゲームの要素を取り入れながら行います。ゲーム化することで、子どもたちは楽しみながら、さらには「漢字を覚えた」という達成感も感じることができます。

また、**タイムを計り成長を実感させることも効果的**です。漢字50問テストを作成します。まずは、読みを行います。漢字で書かれた文例を音読します。ペアでどちらが速く読めるかを競います。**書くことの前に、確実に読めるようにさせます。**次に、漢字を書かせます。ここでも、タイムを計ります。慣れてくると、50問を三分もあれば解けるようになります。最初の頃は、「十分はかかるよ」と言っていた子たちも、三分でできるようになります。百マス計算同様、タイムが自分の成長を実感させ、さらなるやる気につながります（※ここでは、字のきれいさは問いません。「たしかめる」と言われた時「確かめる」という漢字や送り仮名が認識できるかを問います）。

ポイント三つ目は、達成感を持たせることです。

毎日の宿題でプラス1をしたり、漢字プリントでタイムを計ったりしていると、学期末の漢字50問テストを楽しみにするようになります。テストを終えると、「先生、早く丸つけをして返してほしい」と他のテスト以上に、気にしている様子が見られます。そしてテストを返すと、「初めて100点だった」「これまで40点だったのに、初めて80点を超えた」など、喜びの声を聞くことができます。

ここで、「なぜ、高得点がとれたのか？」を必ず振り返らせます。すると、「毎日プラス1の努力を積み重ねたから」「苦手だったけど、逃げずに続けたから」などの意見が出てきます。**この気付きが漢字学習だけではなく、他の学びにも生きて働く力になります。**

「テスト」を達成感を感じるために活用していますが、「テスト」は自分の理解度を認識するものでもあります。六年生の一学期に学習する新出漢字は、約80あります。その80の漢字を一枚のプリントにまとめて配付します。そして、漢字テストなどを踏まえて、「この漢字はいつでも、確実に読めて書ける」という漢字については、○をさせます。○がついていない漢字が、覚えるべき漢字になります。80ある漢字のうち、あと10覚えればよいなどのように、視覚化されることがさらなる意欲に火をつけます。

学習意欲

「ライバルは、昨日の自分」と1ミリの成長に目を向ける

子どもたちは、自分自身ではなく友達と比べてしまう傾向にあります。

そこで、「ライバルは、昨日の自分」と繰り返し伝え、たった1ミリの成長に目を向けさせていくことが大切です。

こんな子いませんか

自分自身の成長ではなく、友達と比べて自分に悲観的になってしまう子。
自己肯定感が低く、自分自身に自信を持ちにくい子。

ここが授業でクラスをつくるポイント

子どもたちは、友達と自分を比べたがります。

友達と比べて結果がよいと、うれしくなります。一方で、苦手な漢字学習で初めて90点を超え喜んでいたものの、周りの友達が100点ばかりだと落ち込むものです。確かに、社会に出ると結果が求められます。しかし、まだまだ「学び方」を身に付けている途中の子どもたちにおいては、「プロセス」を大切にしていきたいところです。

そのため、子どもたちには、**「友達のよさを吸収して自分の成長にどんどんつなげればいい。でも、友達と比べる必要はないよ。『ライバルは、昨日の自分』だよ。昨日より1ミリでも成長したらいい」**と繰り返し話しています。

算数の授業などでは、授業の最初に本時の終盤にできてほしい問題を提示することがあります。そして、「この問題がわかる人？」とたずねます。すると、塾などで学んでいる数名だけの手が挙がります。手の挙がらなかった子たちには、「およそ三十分後の授業の終盤に、できるようになっていたらすごいね」と話します。できると答えた子たちには、「他の子の手が挙がるように、わかりやすい説明やサポートができたらいいね」と話します。

そして、授業の終盤。再度、同じ質問をします。すると、手が挙がります。ここで、「たった三十分で『できない』が『できる』に変わったなんて、すごい」と価値付けます。

さらに私は、百マス計算を活用しています。何も指導をしなかったら、子どもたちは友達と結果を比べたがります。そこで、「ライバルは、昨日の自分」ということを繰り返し話します。計算力を高めるためというよりは、成長を実感させたり、脳を鍛えたりなど「学び方」を身に付けさせるために行っています。

一日目の記録を覚えておかせます。一週間もすると、一分近くタイムが縮むなど驚異的な成長を見せます。そこで、「なぜ、たった一週間で一分もタイムが縮んだのか」を問います。すると、「毎日、コツコツ取り組んだから」「昨日の自分を目標にしたから」などの意見が出てきます。ここで、友達と比べてではなく、自分自身の成長をしっかり認めます。私の学級では百マス計算を終えると、「やったぁ」という歓声が上がります。これは、友達ではなく昨日の自分と勝負しているからこそ、成長を実感してうれしくなっているのだと思います。

もしこれが、友達と比べる見方をしていると、百マス計算を行うのが嫌になっていきます。一番の子はうれしいものの、いつもタイムが遅い子は行う度に憂鬱になってしまいます。自分と比べることで、全体の中で何番ではなく、昨日よりどれだけ成長したかという「成長の幅」に注目するようになります。

本来、学ぶということは楽しいことです。何かができるようになるというのは、うれしいことです。しかし、いつしか人と比べてしまうことにより、学ぶことが嫌いになったり、「自分はだめだ」と取り組む前から悲観的になってしまったりするのだと思います。「ライバルは、昨日の自分」と、昨日よりも1ミリの成長に目を向ける見方をさせていきたいものです。そのためには、教師である私たちが一人一人の成長に目を向け、実感させていくことが大切です。

苦手さのある子

二分で教室一周の「机間指導」で子どもをフォローする

黒板の前に立っているだけでは、子どもたちの様子は正確につかみとれません。「机間巡視」と「机間指導」の目的を明確にして多用することで、子どもたちの様子をより正確につかむことができます。

こんなことありませんか

机間指導をする時に、いつも同じ子の所に行く。
一人の子につきっきりで指導をする。

ここが授業でクラスをつくるポイント

サッカーの試合では、一試合での走行距離が話題になります。ある選手が、どれだけ動いていたかです。この視点で、授業を見てみると面白いです。

経験年数の少ない先生は、一時間の中で黒板の前を左右に動く程度のことが多いです。

子どもに考えさせたり、作業をさせたりする指示をして、その間に指導案やノート計画に目を落とし、その後の授業の計画を立てていることが多いように思います。

一方で、「授業がうまい」「子どもの発言を拾うのがうまい」と言われる先生は、必ず教室中を歩き回っています。

子どもが発言する場合には、対角線上に移動して話を聞きます。指示した後には、子ど

もたちの様子を見て回り、伝わっているか確認をし、その後の計画を練り直します。

授業中に教室を歩き回るのは、子どもたちの姿を見ようとしている表れです。

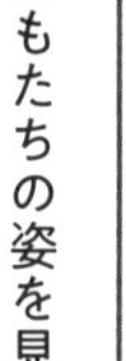

授業前にいくら計画を立てていても、子どもたちの理解度や様子を見ながら、計画変更が必要となります。**そのためには、子どもの姿を見ることが欠かせません。それをしないで指導案通り流そうと考えていると、教師と子どもとの間にずれが生まれるのは当然です。**

では教室中を歩き回ればいいかというと、そうでもありません。**教師の意図が必要**です。

昨今、指導案などを見ていると「机間巡視」ではなく、「机間指導」という言葉ばかり目にするのは私だけでしょうか？「机間巡視」は、「巡視」という管理的な言葉のイメージがあるから、使わないように指導されたという話を耳にしたこともあります。

しかし、そもそも「机間指導」と「机間巡視」は目的が違います。**「机間指導」は、机間を回りながら指導を行っていきます。「机間巡視」は、指示した**

ことがどれだけ伝わっているかなどを確認したり、その後の授業を深めていくための計画を立てるために見て回ったりします。

目的の違いを意識しながら、授業で効果的に活用していく必要があります。言葉の響きがどっちがよいなどの問題ではありません。

ここでも、経験の少ない先生などは、机間指導というといつも同じ子の所に行き、予定していた時間をずっとある子の指導に費やす姿を見ることがあります。事あるごとにケンくんの所にばかり行き、指導をしていると、周りの子はどのように見ているでしょう？

先生を独占したいという気持ちを持っている子は多いものです。教師がいつもケンくんの所に個別指導に行っているということは、学習面か生活面に課題を抱えているのだろうと予想できます。そのため、他の子たちは、「ダラダラしている方が、先生がそばに来て教えてくれる」と間違ったとらえ方をして、先生の視線を集めようとする子も出てきます。一人で考える時間になると、「先生、わかりません」という声が、あちらこちらから聞こえてきて、お手上げ状態になっていきます。

また、教師がケンくんの所にいつも行く姿は、「ケンくんは、課題のある子」と教えていることにもなります。

「机間指導」をする時には、二分で教室を一周するくらいのペースで見て回ります。

たとえば、サクラさんが分数÷分数の計算の仕方に悩んでいました。約分をすることに気付かず数が大きくなり、悩んでいる様子でした。約分をしない問題なら、自分の力でできる子です。そのため、「数を小さくできないかな？」とだけ声をかけて、他の子の様子を見て回りました。教室を**二分で一周するので、五分もあると二周はできます。**先ほどアドバイスをした後、サクラさんがどうなったか確認しに行くことができます。そこでできていたら、「約分に気付いたじゃん」と認めることができます。サクラさんにつきっきりで指導をしていると、他の子たちを指導することができません。しかし、短時間で複数回見て回ることで、より多くの子に効果的な指導を行うことができます。

高学年になると、友達からどう見られるか気になる子が増えてきます。本当はわからないで困っていても、先生につきっきりで指導されることで、他の子から「できない」と思われるのが嫌な子もいます。**教師は、よかれと思ってやっていることも、その子を傷**

つけたり、「わからない」とより言えない状況にしていることもあると意識していく必要があります。もし、複数の子に時間をかけて丁寧に指導を行う必要があるのであれば、これは個別指導よりもクラス全体への一斉指導を再度する方が効果的かもしれません。

「机間巡視」も効果的に活用することで、子どもたちの様子をつかみ、学びを深めていくことができます。「先生がそばに来る」というだけで、子どもたちにとっては緊張感が高まるものです。授業中、集中力が切れているなぁと感じる子のそばに歩いて行くだけで、多くの子は気付き、再び集中することができます。

先日も、学びを深める子どものメモを見つけることができました。分数÷分数の学習で、「割る数が1より大きいと、商は割られる数より小さくなること」を学んでいました。これは、多くの子が気付いていました。そこで学びを深めるために、整数や小数との共通点に気付いている子はいないかという視点で机間巡視をすると、小数の学習とつなげて考えている子がいました。そこで、ノートを写真で撮って電子黒板に映し、「ユウくんは、どうしてこんなことをメモしたのかな？」と問い、学びを深めていくきっかけになりました。

机間指導と机間巡視の目的を明確にして、多用していくことで、子どもたちの理解度や状況を正確につかむことができます。

苦手さのある子

友達の「課題」ではなく、「よさ」に目を向けさせる

「見ようとしたものしか見えません」

無意識に過ごしていると、どうしても課題が目に入ってきやすいです。「よさは？」と問い続けることで、「よさ」が目に入ってくるようになります。

こんなことありませんか

課題について、注目されがちな子。
クラス全体が、よさよりも課題に目が向く雰囲気がある。

ここが授業でクラスをつくるポイント

教師も子どもも、見ようとしたものしか見えません。

授業中、不規則発言を繰り返し困っている子、勉強に取り組もうとしない子、様々な子がいると思います。**「問題がある」と思っている子は、誰にとって「問題がある」んでしょうか？** もしかしたら、「その子」ではなく、教師である私たちが授業を進めるため、周りからよく見られたいと思った時に、「問題がある」のかもしれません。

教師が変わり、見方が変わると、不規則発言をする子は、授業を盛り上げ活躍する子になるかもしれません。勉強に取り組もうとしない子も、本当はわかるようになりたいと思っているけど、それが表現できないで困っているのかもしれません。学びの楽しさを感じさせると、一気にやる気に火がつくかもしれません。

人間は、どうしても課題などのマイナス面に目が向きやすい傾向があります。「この子、いつも不規則発言をして…」と思うと、悪いところばかりが目に入ってきます。

教師の見方は、子どもたちの見方にも影響します。

子どもたちの見方を、課題ではなくよさなどのプラス面に目を向けさせていくことが重要になります。

たとえば、算数の授業終わりに「この時間、すごいなぁと思うことがいっぱいあったんだけど、見つかったかな？」とたずねます。クラスがスタートした頃は、数人しか手が挙がりません。恥ずかしさもあると思いますが、多くの場合友達のよさが目に入っていません。

ある時、課題について注目されがちなタケシくんが発表をしました。発表の仕方、内容など、素晴らしいものがありました。ここで、「タケシくん、すごいなぁと思うんだけど、どこがよかったかわかる？」とたずねました。すると、「これまでの意見をまとめて言っているのがすごい」「途中、みんなの理解度を確認しながら話した姿がすごい」という意見が出てきました。タケシくんは、照れた笑顔でいっぱいになっていました。

教師が褒めるだけではなく、子どもたちにもよさを考えさせ発表させることで、子どもたち同士をつなげることにもなります。また、課題に注目されがちなタケシくんのよさを目立たせることで、周囲の見方も変わっていきます。

事あるごとに、「どこがよかった？」と振り返っていると、「よさを見つける目」が育ってきます。「よさ50・課題50」の課題ではなく、よさを見る習慣がついてきます。

よさが目立つようになってくると、自信を持って学べるようになってきます。「問題がある」と思っていた不規則発言や、授業に取り組もうとしない姿なども、改善していくのではないでしょうか？　周りから課題ばかりを目立たせて見られるから、そうせざるを得ない状況になっていたのかもしれません。

高学年の子どもたちは、「友達からどう思われるか」という価値基準が高まっていく傾向にあります。周囲の子が、タケシくんのように課題に注目されがちになっている子のよさを授業の中で目立たせることで、安心して学べるクラスになっていきます。

苦手さのある子

できない子の苦手さを極力目立たせない

教師が認める・叱ることにより、クラスの雰囲気は大きく左右されます。

そして、教師がいつも特定の子を叱ることは、「課題のある子」と宣伝していることになると認識しておく必要があります。

こんなことありませんか

できていない数人を叱ることで、クラスの雰囲気が悪くなる。

特定の子がいつも叱られている。

ここが授業でクラスをつくるポイント

書写の授業を始めようと思います。休み時間の間に、習字道具を机上に用意しておくことが約束になっています。しかしクラスを見渡すと、三名の子が準備をしていません。しかも、焦る素振りもありません。

こうして落ち着いた状態で考えると、「そんなことで叱らないよ」と思われる方も多いと思います。しかし、同様な状況で「また、マモルくんは準備していないじゃない。先週もでしょ。しかもゆっくり準備して。どうするの！」などと叱ってしまっていることは、本当にありませんか？　クラス全体の場で叱られたマモルくんは、この後「よし頑張ろう」という気持ちになるでしょうか？

まず考えていきたいのは、次のようなことです。

九割の子は、指示を聞いてしっかり準備をしていることを重視します。

できていない三名の子を叱ることで、クラス全体の雰囲気も悪くしてしまいます。「書写だ。頑張ろう」と思っていた子にとっては、せっかく指示を聞き準備をしていたにもかかわらず、残念な気持ちになってしまいます。マモルくんたちを叱るよりも、指示を聞いてしっかり準備をしていた子たちを認め、プラスの雰囲気をつくることが大切です。

指示を聞けていた子を認めず、できていない子に注目していると、「やらない方が先生に注目してもらえる」と感じる子も出てきます。そして、九割の子はできていた状態から、できない子が大半を占める崩壊状態ができあがってしまいます。

子どもたちは、雰囲気に大きく左右されます。

そのため、クラス全体が「よし、今日の書写も頑張ろう」というプラスの雰囲気になると、準備をしていなかったマモルくんたちも、焦って準備をしようとします。

準備をしているところに、「待ってたよ」などと声をかけながら、準備のフォローをすることを繰り返していくことで、授業へのスイッチが入ったり、次の時間は準備をしようとしたりするようになってきます。

マモルくんのような子は、他の授業や場面でも叱られることの多い子だと思います。

クラス全体の場で特定の子を叱るということは、「マモルくんは、ちゃんとできない子なんだ」と宣伝をすることにもなってしまいます。

子どもたちに、「またマモルくんかぁ」というマイナスな見方を植え付けているだけです。

叱ることは簡単です。しかし、私たち教師は「叱られるからやる」子ではなく、「自立」した子を育てたいです。そして、できていないことがあっても、フォローをし合うクラス集団を育てたいのです。

そのためには、クラスのほとんどができていることをしっかり認めながら、できていない子が目立たないようにフォローする姿を見せることが大切です。

苦手さのある子

すぐに発言してしまう子の発言もいかす

すぐに発言するというのは、「授業への意欲を持っている」「教師や友達の話を聞いている」という見方をすることができます。

子どもたちの発言を制御するよりも、発言をいかしたり活躍できる場をつくったりしていきましょう。

こんな子いませんか

知っていることをすぐに発言してしまう子。

教師や友達など、人が話しているにもかかわらず発言する子。

ここが授業でクラスをつくるポイント

社会の授業で国会について、私が説明をしている時のことです。ジュンくんは、「菅さんが総理大臣だよ」「○○大臣が、問題を起こしたんだよ」など、知っていることを発言します。算数の時間に友達が発表していると、「答えは、××なんじゃろう」などと口を挟みます。

これまでの学年でジュンくんは、「先生がしゃべっているでしょう」「邪魔しない」など指導をされてきたようです。繰り返し指導されることで、教師に対しても反抗的な態度になり、関係が崩れていたようです。

確かにジュンくんが口を挟むと、教師の考えていた指導計画通りに授業を進めていくことが難しいことはあります。しかし、ジュンくんは授業の邪魔をしているのでしょうか?

すぐに発言してしまうのは、それだけ学習へ意欲がある証です。

決して「邪魔をしてやろう」と思って、発言しているのではありません。私たち大人も、テレビのクイズ番組などで超難問がわかったら、一緒に見ている家族に答えを言いたくなることはありませんか？　ジュンくんも同様で、知っていることを先生や友達に知らせたい、認めてもらいたいという気持ちからすぐに発言してしまうのです。

教師や友達の話を聞いているから、すぐに発言できるのです。

こういう見方をすると、ジュンくんは授業へ意欲があり、クラス全体の雰囲気をつくってくれる宝物になります。

教師は、自分勝手なところがあります。ある時は「すぐに反応して」と求め、ある時は「手を挙げて発言して」と求めます。教師にとって都合のよい発言は、「いいつぶやきだ」と認め、教師にとって都合の悪い発言は、「不規則発言」として問題視します。

もちろんジュンくんに、ソーシャルスキルとして人が話している時に口を挟まないことなどの指導は必要です。「今は、アキコさんが話をしているから待ってね」などの指導は繰り返します。だからといって厳しく指導をしたり、「ジュンくんが授業の妨害をする」ととらえ、接したりしていると、ジュンくんや周りの子には邪魔者扱いしていることが伝わっていきます。そして、本当に邪魔をすることで注目を得ようとするようになります。

私は、「今は○○さんが話しているから待ってね」と言った後に、「待ってくれてありがとう。それで、続きを教えて」と聞くようにしました。授業には関係ない話の場合は、「今は授業中だから、休み時間に聞くね」と言って、休み時間になると「さっきの話の続きを教えて」と聞くようにしていきました。

授業中に発言してしまうのは、教師や友達に認められたい、つながりたい、自分の居場所をつくりたいという欲求から起こる行動です。

発言を制御することよりも、発言をいかしたり、ジュンくんのような元気な子が活躍できる場を模索したりしていきたいものです。

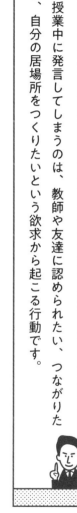

苦手さのある子

「イライラモード」はさらりと「普通モード」に導く

「イライラモード」の時に指導をしても、より一層イライラするだけです。火に油を注ぐことになります。

教師がすべきは、「イライラモード」から「普通モード」に戻すことです。その後に、一緒に「気持ちをコントロールする術」を考えます。

こんな子いませんか

理由はよくわからないが、機嫌を損ねてイライラしている子。

ここが授業でクラスをつくるポイント

国語の授業で提案文を書いていると、ある子が突然イライラし出しました。「どうしたの？」とたずねても、「別に」とそっけない返事。机の上も乱れていて、イライラしていることを感じました。周りの子が声をかけても、「うるさい」などと当たる様子。それまでとの様子の変化に、周囲の子も驚いています。発達に課題を抱えていたり、気分の浮き沈みが激しかったりする子などは、このように突然様子が変わることがあります。

当然、気分を損ねた理由はあります。ただ、だからといってイライラした態度で周囲に当たっていいわけではありません。教師も人間なので、「なんなの？」とイラッとすることもあります。

しかし、ここで「なんなの？　その態度。先生や周りの子が何したっていうの？　何にイライラしているの？」などと叱ったり、理由を聞き出そうとしたりしても、より一層イライラが増すだけです。

教師がするべきことは、「イライラモード」から「普通モード」に戻すことです。

「イライラモード」の時に無理やり理由を聞こうとしたり、指導をしたりしても、本人は聞く準備ができていません。その場ですぐに済ませたいと思い、簡単な方法である「叱る」ということを選ぶと、より一層イライラが増し、かえって指導に時間がかかります。**時間だけではなく、「先生は、わかってくれない」と教師への信頼も失う結果になりかねません。**

まずは、「普通モード」に戻すことを考えます。「普通モード」に戻すためには、一人一人対応が違います。別室で一人になることが効果のある子、別室に行くことには抵抗があり、教室で時間が経てば冷静になる子など様々です。

私は、「何か理由があるんだよね。後で話を聴かせてね」とだけ伝えて授業を進めました。**本人にも、周囲にも「先生は、気にしているよ」というメッセージを送ります。**

二時間くらい待つと、落ち着いてきます。そこで、「じゃあ、聴かせてくれる？」と声をかけ、別室に行きます。**ここで、「指導」を前面に出すと、再度「イライラモード」に戻ってしまいがちです。**「失敗した」と気付いている場合が多いです。

一緒に「気持ちのコントロールをする術を考える」というスタンスで、話を聴きます。

ここでは、「いつも国語の授業で黙々と文章を書くヨシくんが、イライラしていたから何か理由があるんだよね。聴かせて」とたずねました。すると、「うまく書けないから、イライラしてしまった」と教えてくれました。ここで、「そうかそうか」と共感しながら、自分自身を振り返らせました。さらに、先生や周りの子が驚いたことも伝えていきます。

文章が思うように書けなくて、イライラして周囲に当たっていると、きりがありません。

それだけ「うまく書きたい」と意欲を持っているのです。

叱ることは簡単ですが、一緒に「イライラモード」にならない術を考え、今後も応援していくことで、本人も周囲も安心して学べるクラスになります。**今回の失敗をいかし、イライラしそうな場面で、グッと我慢できた時を見逃さず、認めていくことも重要です。**

深く学ぶ

できるようになった
プロセスに目を向ける

子どもたちは、「なぜうまくいったのか」見えていません。

しかし、「なぜうまくいったのか」を問うことで、「何がよかったか」見えるようになります。

見えることが、次への成長につながります。

こんな子いませんか

努力をしないで、できないことを嘆く子。

グループ学習などの度に、同じ失敗を繰り返す子。

ここが授業でクラスをつくるポイント

「できた」「できない」という「結果」は見えやすいですが、何がよかったかという「理由」やどのように学んだかなどの「プロセス」は見えにくいものです。

見えにくい「理由」や「プロセス」に焦点を当てて授業づくりを進めていくことで、子どもたちに「学び方」を身に付けさせていくことができます。

算数の授業の時に、挙手しているランさんを指名しました。そして、発表を終えた後に、「先生は、なぜたくさんの人が手を挙げていたのに、再度ランさんを当てたのだろう」とたずねました。私はよくこのようなことをたずねます。

すると、「ランさんは、さっき間違えてしまったけど、そこで落ち込むのではなく、すぐにチャレンジしているからだと思います」とチナツさんが答えてくれました。そこで、「チナツさんは、どう思ったの？」と突っ込むと、「すぐ挑戦するなんて、すごいです」と言いました。それを聞いていたランさんは、笑顔になっていました。

さらに、深めていきます。「ランさんは、なぜ答えがわかったの？」とたずねると、「隣のケンジくんが、わかりやすく教えてくれたんです」と答えてくれました。

多くの子にとっては、ケンジくんのフォローがあってランさんが成長したことは、見えていないことです。ランさんが発表で間違ってしまった後に、ケンジくんが自分のノートを示しながらランさんに説明をしている様子を私は見ていました。

間違っても落ち込むのではなく、挑戦するランさん。困っているランさんをフォローするケンジくん。さらには、ランさんの頑張りを認められるチナツさんの姿を、多くの子に見えるようにしたいものです。

子どもたち同士のあたたかい支え合いの場面を多くの子に見えるようにすることが、あたたかいクラスをつくっていくことにつながります。

また、できなかったことができるようになった背景には、どんなプロセスがあったのかを見えるようにすることは、他の子どもたちが同様の場面に直面した時に、どのように対応すればよいかというヒントにもなります。

特に一学期は、グループ学習を終えた後、振り返ることを重視しています。自分たちのグループは、三段階評価で何が付くかを一人ずつに評価させます。そして、「なぜうまくいったのか。なぜうまくいかなかったのか」を問います。すると、「わからない時に教えてくれたから」「マイナスな発言をしなかったから」などの意見が出てきます。

そして最後に、「次に、グループ学習をする時に自分自身が大切にしたいこと」をノートに書かせます。

「うまくいった」「うまくいかなかった」だけではなく、「なぜうまくいったのか」を問うことで、どんな言動がよかったのかが見えてきます。そして、見えるからこそ、「ユウくんのよさを次は取り入れてみよう」「次は、自分の意見を主張するばかりではなく、友達の意見も聞こう」などの具体的な目標を立てることができます。

深く学ぶ

「本物」で感動させる

「本物」は、人の心を動かします。そして、感動は人の心に火をつけます。

授業に「本物」を持ち込むことで、資料集などからは感じられない疑問や、追究心が子どもたちに芽生えます。ひと手間が、学びを深めてくれます。

こんな子いませんか

社会科の学習に対して、意欲が持てない子。
大きさなどの数値だけを知り、実感を伴った理解になっていない子。

ここが授業でクラスをつくるポイント

好きな教科ランキングは、様々な機関が調べています。その中で、常に下位になっている教科の一つが社会科です。理由としては、「暗記科目」「難しい言葉の意味がわからない」などが挙がっています。

しかし、私のクラスでは社会科は人気科目です。**その理由の一つに、「本物」を用意していることがあると考えています。**

たとえば、六年生歴史の学習で、卑弥呼が金印を授けられたことを学びます。ここで、「ここに本物があるんだけど、見たい？」などと焦らしながら、木箱に入った金印のレプリカを提示します。すると、サイズ感・輝き・重さなどに、子どもたちは感動します。資料集などにも写真が掲載され、サイズなども書かれていますが、やはり「本物」を感じることとは、大きく違います。**子どもたちは感動することで、「なんで、約二千年も前にこ**

んな豪華なものを外国から授けられたのか」という本質的な疑問が湧いてきて、卑弥呼の力の大きさを改めて感じることができます。

他にも、人々が狩りで使っていた「黒曜石」という石があります。「本物」を用意することで、「先生、指が切れそう」「確かに、包丁になりそう」など、実感を伴った学びになります。「本物」に触れる中で、「先生、広島でも黒曜石とれるの？」という疑問を持ち、黒曜石がとれる地域を調べてきます。すると、日本でも限られた地域でしか採取できないことから、当時も日本各地で交流があったのではないかということに気付きます。

本物を用意することで、歴史学者が発見してきた事実を、子どもたちに追体験させることになります。

「黒曜石」などの用語も大切ですが、歴史学者が発見したことを追体験する学びの感動の方が、これから先、子どもたちが生きていくうえで、大きな意味を持ってくるのではないでしょうか。心動かされるからこそ、「なぜ、金印が授けられたのか」「なぜ、採取できない地域の遺跡からも発掘されたのか」などの疑問が芽生えるのだと思います。これが、

授業で育成したい社会的な見方・考え方ではないでしょうか。

本物が準備できない時には、作成します。奈良の大仏を学習した時、大仏の高さや各部位の長さなどを調べさせます。しかし、数値だけでは子どもたちは実感しにくいです。そこで、大仏の手の大きさを調べた後に、模造紙を数枚貼り合わせて作成した実物大の手を提示します。

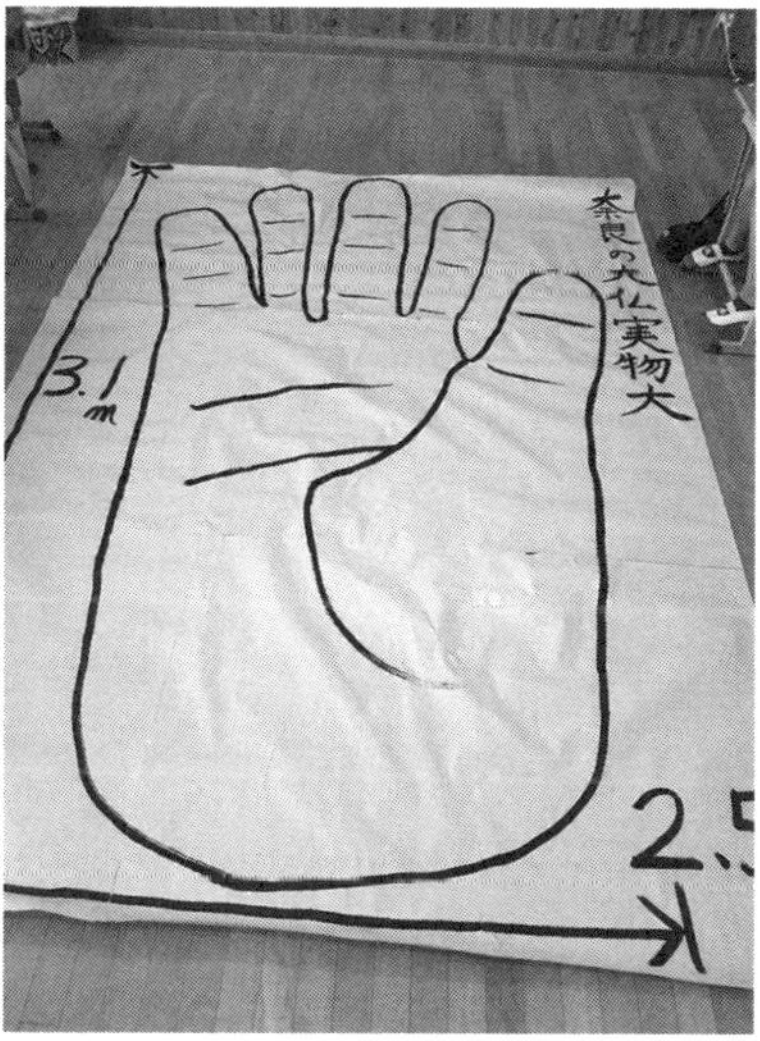

実物大の大仏の手のひら

教室の半分近くを占領する大きさに、子どもたちは圧倒されます。さらに、「先生、何人乗れるかやっていいですか?」と言うので、試しにやってみます。すると、全員が乗れることに子どもたちは驚きます。

さらに、「これは大仏のある部位です」と言い、提示します。大仏の鼻の穴です。東大寺の柱には、鼻の穴と同じ大きさの穴があります。そこを通ると、無病息災になると言われています。そんな豆知識を伝えながら提示すると、「通りたい」の声。段ボールでつくったなんでもないものですが、**ひと手間かけることで子どもたちの学びのスイッチが入ります。**

感動は、学びの心に火をつけます。

ここから子どもたちには、「どのくらいかけてつくられたのか調べたい」「どのくらいのお金がかかったのだろう」という疑問が生まれてきます。さらに、「どうしてこんな巨大な大仏をつくらないといけなかったのだろう」という当時の時代背景や、聖武天皇の政治などにつながる深い学びにつながっていきます。

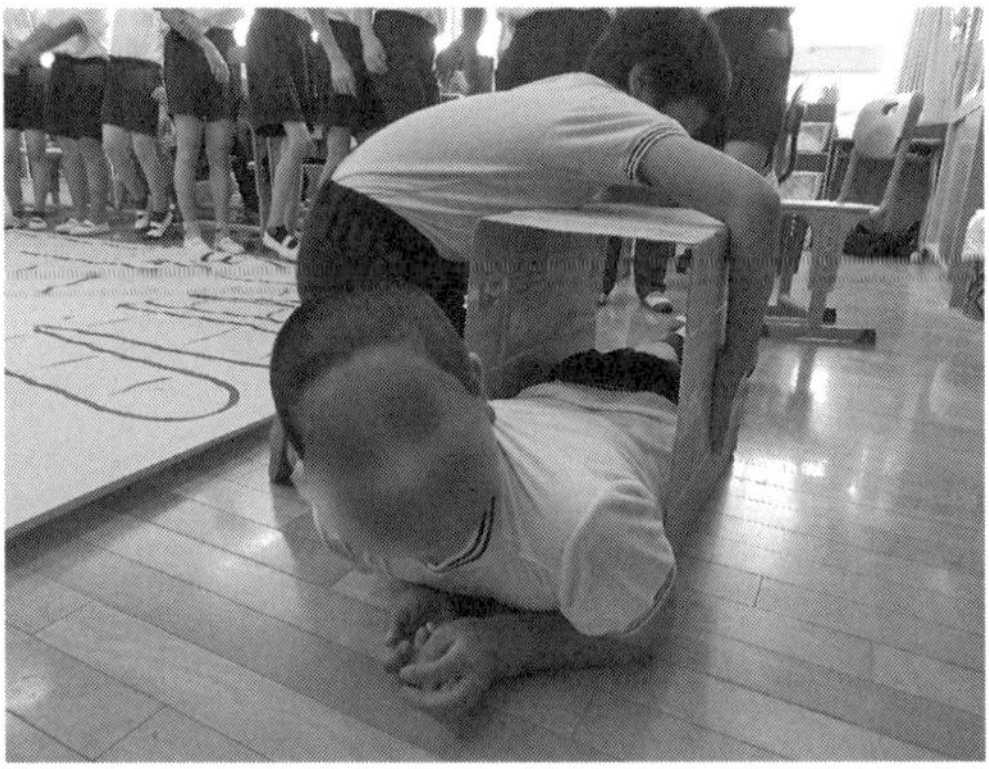

実物大の大仏の鼻の穴を通る

やはり、「本物」の力は偉大です。長期休業を利用して、保護者の方にお願いして「本物」を見に行き、調べてくる子も出てきます。

たとえば、大仙古墳に行き大きさを実感するために周囲を歩いてくる子、京都に行き様々な寺院を訪れてくる子などがいました。

上の写真は、金閣と銀閣に行き見学したことをまとめた「自楽ノート」です。実際に見学に行くことで、資料集などの写真からは気付けないことをたくさん発見しています。

「本物」を用意することは、何も社会に限った話ではありません。国語や算数などでも、お話や問題に登場する実物を用意するだけで、子どもたちの反応は大きく変わってきます。

そして、「本物」との出会いが、子どもたちの知的好奇心に火をつけます。

教師が、子どもたちにどれだけその学びの偉大さや楽しさ、奥深さなどを感じさせたいかなどの熱意でもあるように思います。

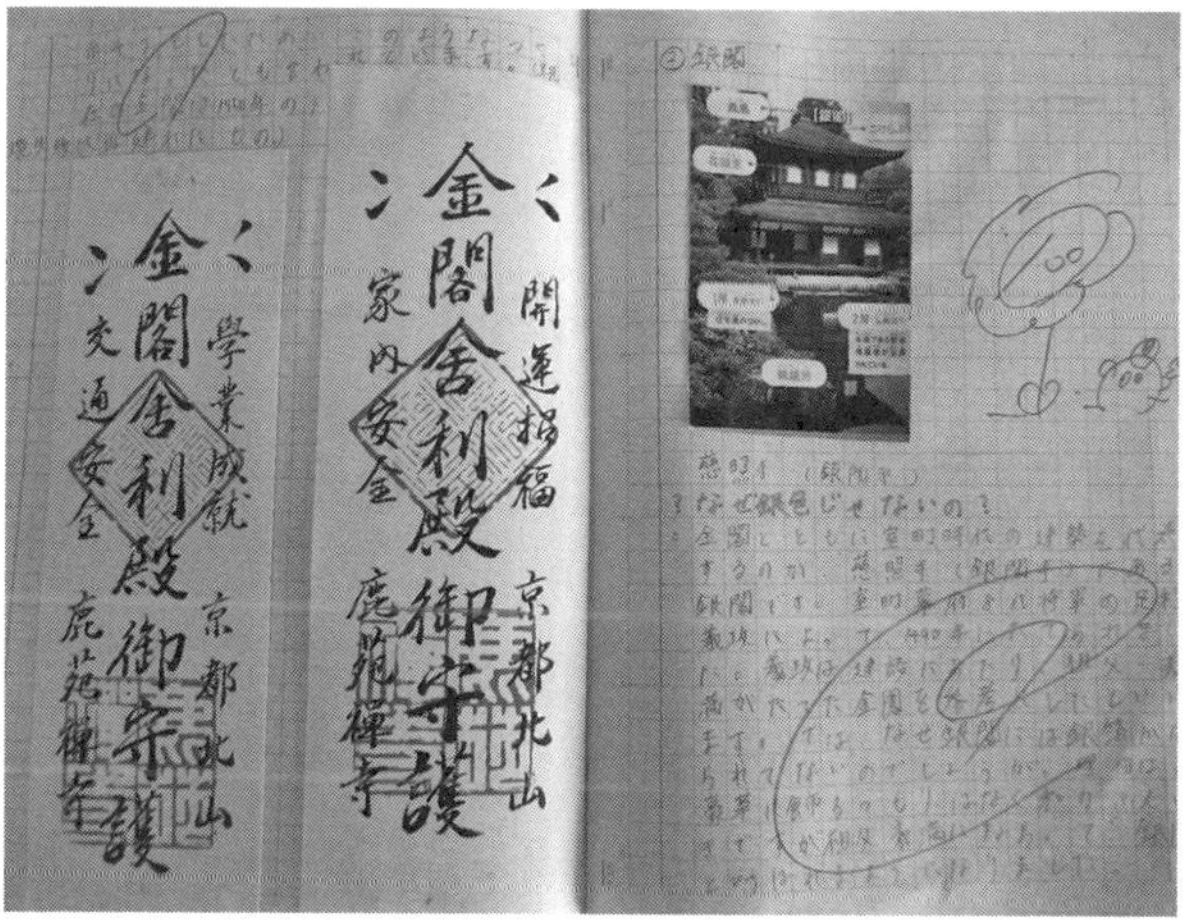

自楽ノート

深く学ぶ

学びを日常生活や今後につなげる

答えがわかればいいのではなく、どのように考えたらいいのか、どのような見方をしたらいいのかを子どもたちにつかませることで、その後の学習でもいきてくる学び方になります。

●こんな子いませんか

答えがわかったら、それでいいと思っている子。

●ここが授業でクラスをつくるポイント

学びを通して、これまで見えていなかった世界が見えることは、最高に楽しいことです。

私自身、本を読んだり人の話を聴いたりして、自分がこれまで気付いていなかったことに気付いたり、見えていない世界が見えたりする時、「学ぶって楽しいな」と強く感じます。こんな体験を多くの子どもたちにさせたいものです。

これまで見えていなかった世界を見えるようにしていくには、点と点とを線で結ぶ作業が必要になります。

たとえば、答えだけ示すような授業をしていたら、いつまでたっても線で結ばれることはありません。**答えという、点ばかりを与えているだけです。こういう角度から見つけ**

ると、点と点がつながり、絵が浮き上がってくるという「見方」を体感させていくことが大切になります。

六年生算数の「対称な図形」の学習をしていた時のことです。アルファベットを提示し、私が二グループに分けながら黒板に貼っていっていました。そして、どういうグループで分けているのかを子どもたちに考えさせました。

マユミさんが、実際に紙を折って線対称になっていることを説明した後のことです。リナさんが、「先生、今回のKは線対称ではないけど、線対称の時もあると思います」と言いました。ここから、「リナさんの言っている意味は、どういう意味かな？」と全体に投げかけました。グループで話し合わせていると、「本当じゃぁ」「確かにこっちのKの時もある」などの声が教室中に溢れていました。

きっと多くの子にとって、これまでなんとも思っていなかった点と点がつながり、見えていなかったことが、新たに見えた瞬間だったのだと思います。

リナさんが見えた世界も、発見したうれしさも、多くの子に体験させたいことです。

ここでリナさんにすぐに説明させたり、教師が言ってしまったりすると、点のままで終わっていたかもしれません。私の指示で、他の子も追体験したことで、他の場面でも活

授業の時の子どもたちのノートへのメモ

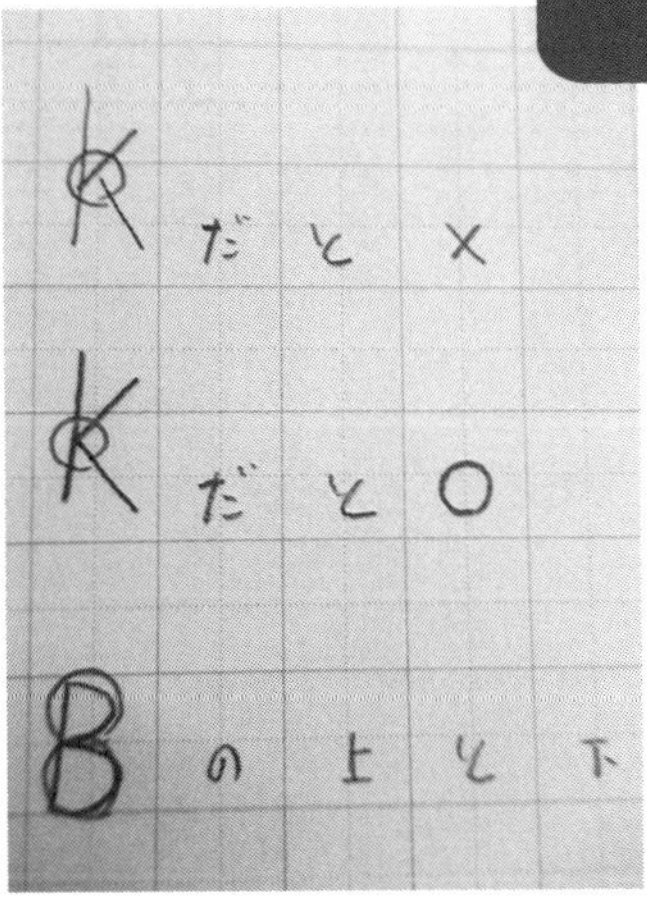

振り返りより

「K」や「B」は線対称ではないと思っていたけど，「K」の二画目三画目の交わり方や「B」の上と下の大きさが同じだと線対称になるという意見が面白かった。

Bの上と下の大きさが同じなら線対称になるって書いたよ！

授業を終えて，子どもたちが行ってきた「自楽」より

折り紙を半分に折ったところを対称の軸として，キャラクターを制作していた。

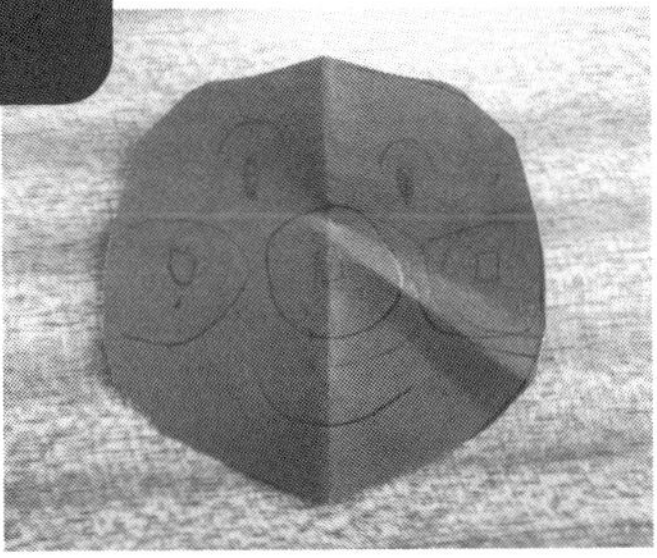

用できる見方になっていきます。

その後カイくんが、「だったら、Bも線対称ではないけど、上と下を同じ大きさで書いたら線対称になる」と意見が続き、学びが広がっていきました。

これらは、**「答えがわかればいい」ではなく、「もし○○だったらどうなるかな？」「別の見方はないかな？」などの点と点とをつなぐ見方を大切にして授業を進めていたからこそ、出てきた意見**だったように思います。

授業の振り返りを書いているとショウくんが、「大発見」と大きな声を出しました。「どうした？」と聞くと、「このキャラクターは、線対称だ」と教えてくれました。

まさに、授業を受けなかったら見えていなかったことが、授業を通して見えるようになった一時間だったように思います。

この日の自主学習では、身の回りから線対称な図形や建物を調べてくる子がたくさんいました。ショウくんの意見からキャラクターを調べ、線対称な時と線対称ではない時のキャラクターを分類し、線対称という意味についても理解を深めていました。次の時間は、子どもたちの発見した線対称な図形などの紹介からスタートしました。

子どもたちが
行ってきた
「自楽」より

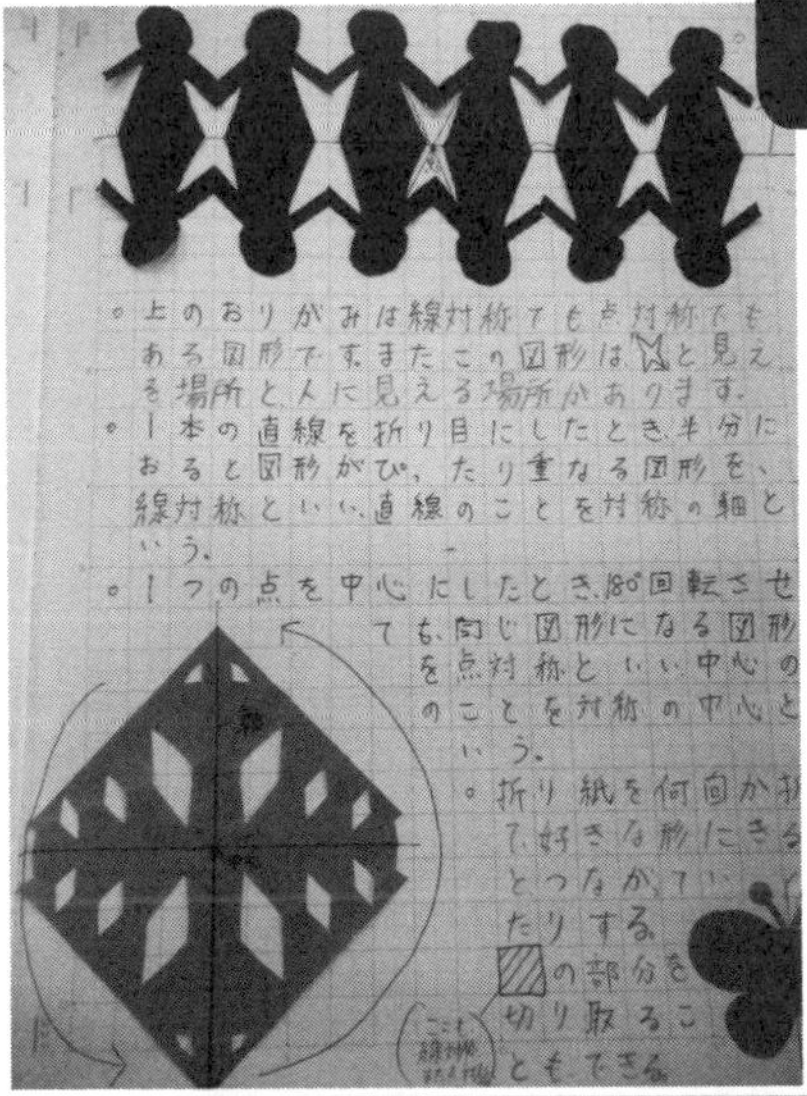

この自楽を発展させて，単元末には折り紙で対称な図形をつくり，一つの作品を制作しました。

参考文献

・あなたも心理学者！これだけキーワード50　ジョエル・レヴィー　浅野ユカリ訳　ディスカヴァー・トゥエンティワン
・世界最先端の研究が教える　すごい心理学　内藤誼人　総合法令出版
・面白いほどよくわかる！心理学の本　渋谷昌三　西東社
・学級経営大全　赤坂真二　明治図書
・世界最高の学級経営 the FIRST DAYS OF SCHOOL　ハリー・ウォン　ローズマリー・ウォン　稲垣みどり訳　東洋館出版社
・学級経営の教科書　白松賢　東洋館出版社
・家庭、学校、職場で生かせる！自分と相手の非認知能力を伸ばすコツ　中山芳一　東京書籍
・教室に笑顔があふれる中村健一の安心感のある学級づくり　中村健一　黎明書房
・学級担任に絶対必要な「フォロー」の技術　中村健一　黎明書房

・策略　ブラック学級づくり　子どもの心を奪う！クラス担任術　中村健一　明治図書
・教える　繋げる　育てる　授業がクラスを変える！　学級づくりの３Ｄ理論　土作彰　明治図書
・子どもの笑顔を取り戻す！「むずかしい学級」リカバリーガイド　山田洋一　明治図書
・新しい学級づくりの技術　有田和正　明治図書
・授業の腕をあげる法則　向山洋一　明治図書
・一人ひとりを見つめる子ども研究法の開発　福山憲市　明治図書
・スペシャリスト直伝！学級づくり〝仕掛け〟の極意　福山憲市　明治図書
・鬼滅の刃公式ファンブック　鬼殺隊見聞録　吾峠呼世晴　集英社
・ＧＩＧＡスクール構想の実現へ　文部科学省
・眠れないほどタメになる言葉　しんどいをはね返す！バネになる73の知恵　ビジネス哲学研究会　クローバー出版

【著者紹介】

友田　真（ともた　まこと）

1984年広島県生まれ。現在広島県公立小学校勤務。徹底反復研究会などに所属。

著書に，『子どもを伸ばす教師の見方 子どものどこをどう見て、どう褒め、叱る？「この先生わかってる！」と子どもが慕う教師になる極意』（明治図書），『授業や学級づくりを「ゲーム化」して子どもを上手に乗せてしまう方法』，『子どもたちの心・行動が「揃う」学級づくり』（黎明書房），共著に，『学級担任に絶対必要な「フォロー」の技術』，『担任必携！学級づくり作戦ノート』（黎明書房），『教える　繋げる　育てる　授業がクラスを変える！　学級づくりの3D 理論』（明治図書）などがある。また，教育雑誌に執筆多数。

「子どもたちのやる気に火をつけ，可能性を伸ばす」ことを教育哲学に，実践にあたっている。

授業でクラスをつくる教師の見方
子どもと子どもをつなぎ、どう学ばせる？
「学び方」「安心」「つながり」がその極意

2021年2月初版第1刷刊 ©著　者　友　田　　真
発行者　藤　原　光　政
発行所　明治図書出版株式会社
http://www.meijitosho.co.jp
（企画）佐藤智恵（校正）武藤亜子
〒114-0023　東京都北区滝野川7-46-1
振替00160-5-151318　電話03（5907）6703
ご注文窓口　電話03（5907）6668

＊検印省略　組版所　株式会社アイデスク

Printed in Japan　ISBN978-4-18-347319-6